STUFEN DES LEBENS

Das ganze menschliche Leben - nicht nur der eine oder andere
Teilbereich - ist in eine Krise geraten. Der Mensch produziert
Überfluß und verarmt an elementaren Erlebnissen. Mit über-
entwickelten Instrumenten steht er als ein unterentwickeltes
Wesen da. Er scheint mit allem, nicht aber mit sich selbst fertig
zu werden. Deswegen ist es an der Zeit, ihm, dem Menschen,
alle Aufmerksamkeit zu widmen, zu erforschen, was heilsam
für ihn ist und was nicht, was ihm wohltut und was ihn
gefährdet.

In der Bibliothek *Stufen des Lebens* werden aus der Sicht der
Tiefenpsychologie Lebensfragen behandelt, die jeden
Menschen angehen. Psychoanalytischer Fachjargon ist zwar
in aller Munde, aber ein wirkliches Verstehen dessen, was die
Psychoanalyse über seelische Beziehungen und Konflikte
herausgefunden hat, blieb bis heute fast ganz auf den Kreis der
Fachleute beschränkt.

Diese Buchreihe wendet sich deshalb bewußt auch an den
Laien. Ihm werden durch Einsicht in die Grundmuster
seelischen Verhaltens praktische Hilfen zur Daseinsbewältigung gegeben. Bei aller Vielfalt der Themen ist den Autoren
die Absicht gemeinsam, dazu beizutragen, daß der Mensch
erwachsener, lebendiger und freier wird und sich nicht ausschließlich an Erfolg und Leistung orientiert.

STUFEN
DES LEBENS

Eine Bibliothek
zu den Fragen unseres Daseins

Band 1

Herausgegeben von Hans Jürgen Schultz

TOBIAS BROCHER
STUFEN DES LEBENS

Kreuz Verlag Stuttgart · Berlin

CIP-Kurztitelaufnahme der Deutschen Bibliothek

Stufen des Lebens : e. Bibliothek zu d. Fragen unseres Daseins / hrsg. von Hans
Jürgen Schultz. – Stuttgart, Berlin : Kreuz Verlag.
NE: Schultz, Hans Jürgen [Hrsg.]
Bd. 1. – Brocher, Tobias: Stufen des Lebens

Brocher, Tobias
Stufen des Lebens. – 1. Aufl., (1.–10. Tsd.). – Stuttgart, Berlin : Kreuz Verlag, 1977.
(Stufen des Lebens; Bd. 1)
ISBN 3-7831-0503-X

Diesem Buch liegt eine Sendereihe
des Süddeutschen Rundfunks zugrunde.

1. Auflage (1.–10. Tausend)
© Kreuz Verlag Stuttgart 1977
Gestaltung: Hans Hug
Gesamtherstellung: Ebner, Ulm
ISBN 3 7831 0503 X

INHALT

DIE INNERE UND DIE ÄUSSERE ZEIT

Vorstellungen und Wortformulierungen, die das Leben als einen Werdegang, eine Entwicklung, eine Reise zu einem unbekannten Ziel oder als Wegstrecke umschreiben, finden sich in ähnlicher Weise in den meisten Sprachen der Menschheit. Metaphern oder symbolische Begriffe wie »Höhe des Lebens«, »Lebensabend«, »Lebensreife« oder – persönlicher – als Aufstieg und Niedergang auf den Erfolg oder den Mißerfolg eines einzelnen Lebens bezogen, verweisen auf die Annahme einer stufenweisen Entwicklung, so als ginge es über einen Teil der Wegstrecke ständig aufwärts bis zu einem Höhepunkt, während die nachfolgenden Lebensstufen eher als Abwärtsbewegung zu einem nur ungern vorgestellten Ausgang beschrieben werden. In alten Gasthäusern Süddeutschlands, Österreichs und der Schweiz finden sich auch heute noch humorvolle Farbdrucke, die für beide Geschlechter auf volkstümliche Weise verschiedene, vermenschlichte Tiergestalten auf unterschiedlichen Höhen der Gesamtlebenskurve darstellen. Vom Stand unseres heutigen Wissens über das Verhalten dieser Tiere geschieht ihnen gewiß Unrecht, aber die Alltagssprache hat dennoch solche Sprachbilder beibehalten in freilich falschen Vergleichen, wie etwa »Munteres Küken«, »Alberne Gans«, »Alter Bock«, »Schlauer Fuchs«, »Alte Henne«, »Dumme Ziege« und andere, noch drastischere Ausdrücke. Welche Einstufungen wir auch immer in verschiedenen Ländern und Sprachen finden mögen, die meisten verweisen auf eben jene Erwartung und Wirklichkeitserfahrung hin, daß wir alle verschiedene Stadien des Lebens durchlaufen, die durch bestimmte Entwicklungsmerkmale voneinander unterscheidbar sind.

Dabei wird eine wichtige Einsicht deutlich, die wir unausweichlich im eigenen Leben erfahren, ohne das geringste daran ändern zu können: Die Zeit ist nicht umkehrbar. Das steht im Gegensatz zu einer inneren Erfahrung: In unserem seelischen Erleben gibt es weder Zeit noch Raum. Unsere Erinnerungsfähigkeit ermöglicht es, sich zeitlich und räumlich an jeden Punkt der vergangenen Lebensstrecke zurückzuversetzen. Solche Erinnerungen mögen schmerzlich oder glücklich sein, wir können sie kaum aufhalten, wenn ein äußeres Ereignis sie zu einem späteren Zeitpunkt auslöst. Schon beim Anblick eines frühen Kinderbildes wird jeder Erwachsene daran erinnert, daß er am Beginn seines Lebens klein und hilflos war, obwohl er angesichts eines Babyfotos kaum über erinnerungsfähige Einzelheiten verfügt. Noch intensiver wird dieses Erlebnis etwa für die jüngere Generation, wenn deren Eltern bereits über eine Filmkamera oder ein Tonbandgerät verfügten. Die Konfrontation mit kaum erinnerungsfähigen Teilbildern der ersten Lebensjahre hat verschiedene Wirkungen auf den späteren Erwachsenen, der sich selbst auf diese Weise zurückschauend betrachten kann, ohne daß er eine wirkliche Erinnerung hat. Wir sind vielmehr überwiegend auf die Zeugen und Beobachter jener ersten Entwicklungsstufen angewiesen, aus deren Berichten wir Einzelheiten entnehmen können, die uns selbst fremd erscheinen, die aber dennoch wichtige Bestandteile unseres Lebens sind. Ja sie bilden vielfach die Grundstufen unserer Existenz und enthalten bereits bestimmte, durchgängige Themen, die sich wie in einem musikalischen Kunstwerk später in kaum noch erkennbaren Variationen wiederholen können.

Wir werden daher auch unterscheiden müssen zwischen zwei verschiedenen Weisen der Wirklichkeitserfahrung und des Selbsterlebnisses, nämlich den äußeren, objektivierbaren Tatsachen, Ereignissen und Personen und den inneren, subjektiven Erlebnis- und Erinnerungsspuren, die sich unserer Erfahrung einprägten. Dabei gibt es als erste Entwicklungsschritte verschiedene Stufen der Bewußtseinsbildung, aber schon hier begegnen wir einer grundsätzlichen Schwierigkeit: Obwohl wir an anderen allein durch äußere Merkmale wie körperliches Wachstum, Alterungsprozesse und verändertes Aussehen oder sich wandelnde Haltungen diese stufenartige Entwicklung beobachtend als Prinzip begreifen und anerken-

9

nen, nehmen wir sie an uns selbst meist erst viel später wahr. Einfacher: Wir müssen unser Leben zwar vorwärts leben, aber manches Erlebte begreifen wir erst rückblickend vollständig.

Ebenso wie die Frage: »Wo komme ich eigentlich her?« oder »Wie bin ich hier an diese Stelle meines Lebens gekommen?« auf sehr verschiedenen Bewußtseinsebenen immer wiederkehrt, stellt sich auch die weitere Frage: »Wo will ich eigentlich hin?« erst dann, wenn die Fähigkeit zum Rückblick und zur Ortung des jeweiligen Entwicklungsstadiums ausgebildet wurde, was voraussetzt, daß bestimmte Stufen dieser Entwicklung bereits erreicht sind.

Verbleiben wir einen Augenblick bei diesem Gedanken. Das Kind hat soviel neue Wirklichkeit zu bewältigen, daß die Frage nach seiner Herkunft erst in einem ganz bestimmten Zusammenhang auftritt, nämlich bei der Geburt von Geschwistern oder eines Kindes in der nächsten Umgebung. Auch dann ist die Frage mehr auf die Lösung eines sachlichen Zusammenhangs gerichtet, nämlich auf Geburt oder Zeugung, als auf eine tiefere Reflexion über den Sinn des eigenen Lebens. Die gleiche Frage des Heranwachsenden in den Entwicklungsjahren richtet sich bereits auf die Einordnung von Erinnerungen der vorausgegangenen Erfahrungen, um ein klareres Bild der eigenen Identität im Vergleich mit den Altersgenossen zu gewinnen. In der mittleren Lebenskrise umfaßt die Frage nach dem Weg aber schon weit mehr, allein weil der Blick zurück eine weitere Strecke erkennen läßt. Während uns die Zeit abfordert, daß wir unweigerlich in eine Richtung vorwärtsgehen müssen, dabei Stufen erklimmend und Hindernisse überwindend, können wir der Erinnerung nicht ausweichen, da unser Gedächtnis uns stets daran mahnt, was wir auf diesem Wege getan, unterlassen und erlebt haben. Hier wird eine andere Einsicht deutlich, die wir uns nicht immer klarmachen, obgleich sie den entscheidenden Unterschied zwischen der menschlichen Existenz und dem biologisch ähnlichen Entwicklungsprinzip aller Lebewesen darstellt, die Einsicht nämlich, daß wir für die einzelnen Entwicklungsschritte weitgehend verantwortlich sind und uns rückblickend Rechenschaft geben können und sollen. Damit verbinden sich unausweichlich Wertvorstellungen, die ausgesprochen oder unausgesprochen nicht mehr und nicht weniger besagen, als daß bestimmte Stufen des Lebens erreicht werden müssen, um die nächste Stufe verwirklichen zu können.

Diese angenommene Erfüllung eines »Entwicklungssolls« bestimmt dann aber auch unser subjektives Gefühl des Könnens oder Versagens, wenn von uns eine allgemeine Norm erwartet wird. Diese Norm bestimmt sich merkwürdigerweise am sogenannten Durchschnitt, obwohl von nahezu jedermann Außerordentliches erwartet wird, das nach Möglichkeit über diesem Durchschnitt liegen soll. Demnach gibt es nicht nur verschiedene Höhen, die erreicht werden können, obgleich sie in ganz unterschiedlichen Bereichen liegen mögen, sondern unser Selbstwertgefühl wird oft vom Vergleich mit anderen Zeitgenossen der gleichen Altersstufe abgeleitet.

Hier wären zwei wichtige Unterscheidungsmerkmale zu beachten. Es gibt unzweifelhaft Altersstufen des Lebens, die vom Ablauf der Jahre bestimmt werden, die wir jeweils hinter uns gebracht haben. Dennoch zeigt die Wirklichkeit, daß die Altersstufe allein nicht entscheidend ist für eine andere Art der Wertvorstellung, nämlich der Reifestufe des einzelnen Lebens. Zum zweiten wäre außerdem zu unterscheiden zwischen äußerem oder materiellem Erfolg und einem ganz anderen Wert, nämlich dem Erfolg im inneren Umgang mit sich selbst. Es ist offenbar möglich, sowohl Reichtum und äußeren Erfolg wie auch ein hohes Alter zu erreichen, ohne in der inneren Entwicklung und im Umgang mit sich selbst

Stufen der frühen Kindheit, Jugend oder Adoleszenz zu überwinden, um wirklich zu reifen. Das innere Kind der Vergangenheit kann durchaus unentwickelt bestehen bleiben, bis schließlich die Distanz zwischen innerer Entwicklungsstufe und tatsächlichem Lebensalter oder erreichter Position so groß wird, daß dieser Abgrund kaum noch zu überbrücken ist. Im Anblick eines solchen Abgrundes, wenn er uns plötzlich bewußt wird, kann uns Angst erfassen.

Es gibt viele Beispiele für solche Unüberbrückbarkeiten. auf die wir im einzelnen noch zurückkommen werden, da gerade von solchen Entwicklungsversäumnissen die großen Lebenskrisen bestimmt werden. Als eines der modernen Rätsel galt bis vor kurzem zum Beispiel die sogenannte Managerkrankheit, der unerwartete Herztod auf der Höhe einer erfolgreichen Karriere. Was immer auch heute über allerlei Streßfaktoren und Vorbeugungstechniken gesagt und empfohlen werden mag, die Wirklichkeit dieser Krankheitsform beruht weit häufiger auf erheblichen Entwicklungsversäumnissen, die als Schuld erlebt werden. Solche Schuldgefühle führen dann zu unausweichlichen Zerreißproben, weil hinter der angenommenen und oft nur entliehenen Bedeutung der Person in der Rolle einer Führungskraft in Wirklichkeit ein Persönlichkeitsdefizit besteht, das als Mangel verborgen bleiben soll, jedoch mit jedem neuen Erfolg zunehmende Ängste auslöst. Da Herz und Kreislauf die körperlichen Ausdrucksorgane für unbewußt erlittene innere Angst sind, läßt sich mitunter beinahe voraussagen, zu welchem Zeitpunkt die wachsende Distanz zwischen innerer und äußerer Lebensstufe unüberbrückbar und zu einer Gefahr wird, sofern die notwendige Entwicklung nicht nachgeholt werden kann.

Der bildhaften Phantasie eines langjährigen Freundes verdanke ich einen anschaulichen Vergleich für den Lebensablauf. Er verglich das menschliche Leben mit der Lust des Kindes am Klettern, um von einem höheren Standpunkt aus eine andere Sicht zu gewinnen. In der Beobachtung der eigenen Kinder entdeckte er deren Leidenschaft für Treppen, insbesondere im Beginn des Krabbelalters, und verglich dieses Verhalten ironisch mit den Bemühungen anderer Freunde, weitere Stufen auf der Beförderungsleiter ihrer jeweiligen Organisation zu erklimmen. Dieser Vergleich enthielt auch die etwas spöttische Bemerkung, daß die Hindernisse, die solchen Bemühungen im Wege stehen, gelegentlich andere Menschen seien, deren Zurückbleiben oder Absturz auf einer solchen Erfolgsleiter den eigenen Aufstieg beschleunigt oder erst ermöglicht.

Im Laufe von Gesprächen mit vielen Menschen bin ich zahlreichen anderen bildhaften Vergleichen begegnet, die fast alle mehr oder weniger die Unausweichlichkeit der Entwicklungsforderung zum Ausdruck bringen. So etwa die Vorstellung, daß jeder Mensch auf ein unaufhaltsam in einer Richtung abrollendes Fließband der Zeit geworfen sei, auf dem er sich unversehens allerlei Hindernissen ausgesetzt sehe, die er dann überwinden oder überspringen müsse. Jede Vermeidung solcher Überwindung bedingt dann unvermeidlich ein Auf-der-Stelle-Treten, während die Zeit als Fließband unerbittlich unter den Füßen abläuft oder jede Flucht rückwärts in eine Bewegung gegen die Zeit verwandelt wird, die nicht nur schnelleres Laufen und höheren Energieverbrauch mit sich bringt, sondern als Versäumnis und Flucht erlebt wird. Ich habe mich oft gefragt, ob die Übermüdung mancher Menschen nicht in Wirklichkeit dadurch bedingt ist, daß sie tatsächlich aus Scheu vor einem vermeintlich unüberwindbar erscheinenden Hindernis mit doppelter Geschwindigkeit auf dem in umgekehrter Richtung rollenden Fließband der Zeit unablässig rückwärts laufen, dabei viele vorausgegangene Erlebnisse ständig wiederholend.

Den eingangs erwähnten Tiervergleichen scheint ein Bild benachbart zu sein, in dem ein Zeitgenosse sich als Schaf mit einem Strick um den Hals empfindet. Dieser Strick zieht aus unsichtbarer Höhe in Vorwärts- und Aufwärtsrichtung. Bleibt das Schaf zurück oder weicht nach links oder nach rechts aus, so wird das am Hals deutlich spürbar, jedenfalls so lange, bis die von oben gemeinte Richtung wieder gefunden und angenommen werden kann.

Ein Verkehrspilot gab mir eine ähnliche, jedoch technische Beschreibung. Er empfand das Leben wie eine Art Blindflug, bei dem die mangelnde Sicht durch einen unsichtbaren, aber hörbaren Funkleitstrahl ersetzt wird, dessen Signale Höhe oder Abweichungen der Richtung und damit das Verfehlen des Zieles erkennen lassen. Jeder wissenschaftlich orientierte Leser mag mir vergeben, daß ich so laienhafte, aber dennoch recht anschauliche Bilder gewählt habe, die ich Gesprächen mit Freunden und zufälligen Bekannten über das Thema »Stufen des Lebens« verdanke. Freilich gibt es viel abstraktere, akademische und schließlich auch theologisch-präzise Aussagen über den menschlichen Lebensablauf. Leider erlebt aber die größere Zahl der Menschen diesen Ablauf anders, als er in wissenschaftlicher Sprache erscheint. Es gibt in der Psychologie drei Begriffe, die drei breite Bereiche des Lebenszyklus umfassen und zugleich die Hauptrichtung der erwarteten Entwicklungen zwischen etwa dem zehnten Lebensjahr und dem hohen, nicht voraussagbaren, individuellen Alter beschreiben. Es sind die Begriffe: alloplastische, autoplastische und omniplastische Anpassung. Dank ihrer lateinisch-akademischen Herkunft sind diese Begriffe dem Laien unverständlich, obgleich die Sachverhalte, die hier beschrieben werden, für jedermann erlebnisfähig sind.

Die alloplastische Bewältigung der Wirklichkeit bedeutet nicht mehr und nicht weniger als das Erlernen von Funktionen und Wirklichkeitszusammenhängen, deren Verstehen und die schrittweise Entwicklung aller Fähigkeiten, diese äußere Wirklichkeit zu meistern oder zu verändern, mit anderen Worten, die Außenwelt den eigenen Wünschen und Bedingungen anzupassen. Dies umfaßt die Schuljahre, die Berufsausbildung und die praktische, erfolgreiche Ausübung eines bestimmten Berufes. Die Meisterung der äußeren Wirklichkeit stößt aber schon bald auf Hindernisse, die von innen kommen, etwa Überschätzung oder Unterbewertung der eigenen Möglichkeiten, Ängste, Bedrängnisse, Selbstzweifel, Irrtümer durch Mangel an realistischer Selbstkontrolle, Selbstüberschätzung und Grandiosität ebenso wie Mangel an innerer Entwicklung. Diese inneren Bedingungen stellen sich plötzlich als Hemmnis der Meisterung der äußeren Bedingungen entgegen. Die Wahrnehmung solcher von innen kommenden Einflüsse führt dann zum nächsten Schritt, der Entwicklung autoplastischer Fähigkeiten, mit Hilfe derer wir uns selbst verändern können und müssen.

Obwohl zuvor das Bewußtsein vorhanden war, die äußeren Wirklichkeitsbedingungen erfolgreich beherrschen zu können, bedarf es nun einer Wendung nach innen, um die in uns selbst (autos, griechisch = selbst) liegenden Faktoren meistern zu können. Dies ist eine lange und schwierige Entwicklung, die oft bis in die Mitte des fünfzigsten Lebensjahres hineinreichen kann, für viele Menschen jedoch niemals völlig abgeschlossen wird, solange die gesellschaftlichen Lernvoraussetzungen dafür unterentwickelt bleiben.

Schließlich sprechen wir von omniplastischer Meisterung, wenn die Fähigkeit erreicht ist, sowohl uns selbst wie auch die äußeren Bedingungen einer Situation so zu verändern, daß eine Lösung möglich wird. Diese Reife wird dann erreicht, wenn wir jede Lebenssituation durch die Kombination von allo- und autoplastischen Erfahrungen und Anpassungen erfolgreich und angstfrei bewältigen können, so daß wir gleichzeitig die äußeren Bedingungen und uns selbst so verändern, daß eine ausreichende und schöpferische Be-

wältigung der jeweiligen Lage möglich wird. Diese omniplastische Anpassungsfähigkeit kommt schließlich jener
Weisheit und Lebenserfahrung nahe, in der wir die gleich-
zeitige Notwendigkeit beider Entwicklungsschritte bejahen
können, nämlich sowohl die Meisterung der äußeren wie der
inneren Bedingungen, die uns die Bewältigung einer Lebenssituation abfordert. Freilich gibt es viele Zwischenstufen auf
diesem Wege, die jedoch alle mühsam erlernt werden müssen. Dieser Lernprozeß unterscheidet sich in keiner Weise
von frühen Erfahrungen: Wir lernen richtig schlucken durch
Verschlucken und Husten, wir lernen laufen durch Hinfal-
len, springen durch Stolpern, Radfahren durch Herunter-
fallen, rechnen durch Verrechnen, sprechen durch Versprechen, denken durch Denkfehler, fühlen durch Schmerz
und Pein – kurz, Lernprozesse und Erfahrungen erwachsen
aus Fehlern und schmerzlichen Irrtümern. Es gibt kaum er-
folgreiches Lernen ohne milde Frustration.

Die hier beschriebenen drei Grundfähigkeiten der Lebensbewältigung werden auf die gleiche Weise erlernt, nämlich durch Irrtümer und Fehlwahrnehmungen der äußeren
und inneren Wirklichkeit, wobei schmerzlicherweise diese
Einsicht meist erst nachträglich gewonnen werden kann, obgleich wir aus jedem Irrtum für kommende Lebenssituationen lernen können, solange wir die Ursachen des Irrtums
oder Fehlers wahrzunehmen bereit sind. Nun gibt es ohne
Zweifel tödliche Irrtümer, die das eigene Leben oder das
Leben anderer Menschen zerstören können. Unsere gesamte
Entwicklung und Erziehung von früher Kindheit an ist darauf
ausgerichtet, solche Gefahren und Möglichkeiten unserem
Bewußtsein einzuprägen. Wo dieser Sozialisationsprozeß
versagt, weil falsche Signale gegeben werden, fehlt die
Grundlage zum Erreichen bestimmter Entwicklungsstufen.
Die Grunderfahrungen der frühen Kindheit müssen dann
entweder neu und erstmalig vermittelt oder durch Nachholen
und Einsicht in die falschen Voraussetzungen korrigiert wer-

den. Der Begriff »soziale Rehabilitation« oder »Resozialisierung« ist leider oft irreführend, da er voraussetzt, daß etwas wiederhergestellt werden soll, was jedoch in Wirklichkeit niemals vorhanden war. Hier wird allzu deutlich, wie sehr wir uns vom äußeren Erscheinungsbild des Abweichens von der Durchschnittsnorm im Verhalten dazu verleiten lassen, nicht mehr nach den Ursachen zu fragen, die zunächst eine erste Bewältigung sehr früher, versäumter Entwicklungsstufen erfordern würden. Dadurch wird häufig die Schwierigkeit unterschätzt, Menschen, die sich vielleicht im Alter von achtzehn bis fünfundzwanzig Jahren in Wirklichkeit noch auf der inneren Entwicklungsstufe eines drei- bis vierjährigen Kindes befinden, durch simple Maßnahmen »resozialisieren« zu können.

Da für uns alle jedoch die Grunderfahrungen, Elemente und Impulse der frühen Kindheitsjahre fortbestehen, obwohl wir sie auf späteren Lebensstufen besser unter Kontrolle gebracht haben, nehmen wir es so leicht anderen Menschen übel, wenn sie als Erwachsene eine solche Kontrolle vermissen lassen, ohne daß wir danach fragen, warum diese Kontrolle fehlt. Vielmehr gehen wir oft von der Annahme aus, daß die jeweilige Altersstufe automatisch auch die Fähigkeit herbeizaubert, sich altersangemessen zu verhalten.

Wiederum begegnen wir einer stillschweigenden Voraussetzung, die nicht ausdrücklich für den Erwachsenen vereinbart wird, nämlich der Wertvorstellung einer bestimmten, geforderten Verhaltensnorm. Um ein alltägliches Beispiel zu nennen: Dem Jugendlichen wird Unsicherheit und Überaktivität in der Verfolgung sexueller oder aggressiver Ziele bis zu einem gewissen Alter zugestanden, während einem Sechzigjährigen gleichartiges Verhalten als unangemessen verübelt würde. Stimmen aber diese Normvoraussetzungen tatsächlich, oder gibt es weitgehende persönliche Unterschiede in der Erreichbarkeit bestimmter Lebensstufen? In welchem

Maß sind wir bereit, Abweichungen von einer etablierten Norm zu dulden oder bestehende Normen zu verändern? Wie weit ist solche Veränderung tatsächlich möglich ohne einen Zusammenbruch der auf gegenseitiger Anerkennung beruhenden sozialen Vereinbarungen?

Offenbar beruhen unsere Normen auf einer Wirklichkeitsbeobachtung, die von der Tatsache ausgeht, daß im Verlauf der biologischen Wachstums-, Reifungs- und Alterungsprozesse gleichzeitig bestimmte Lernvorgänge vollzogen werden müssen, wenn das bestehende gesellschaftliche Gefüge erhalten bleiben soll. Das wird von Reformern im Namen des Fortschrittes ebenso hartnäckig bestritten wie etwa von den Verteidigern eines ganz anderen Fortschrittsbegriffes gefordert. Dabei ist bisher wenig erörtert, um welche Entwicklungsstufen es eigentlich geht. Der Mythos des Maschinenzeitalters ist überwiegend auf die Bewältigung der äußeren Wirklichkeitsbedingungen gerichtet. Die Folge ist eine Überbetonung der Forderung, nicht nur die Naturkräfte zu bewältigen, sondern auch sich allen technischen Vorgängen und notwendigen maschinellen Bedingungen bis zur völligen Selbstentäußerung so weit anzupassen, daß scheinbar die Intelligenz des Menschen über die Kräfte der Natur triumphieren konnte. Die Massenideologie der Kriege ist ein extremes Beispiel totaler Selbstaufgabe und Selbstveränderung im Dienste einer von außen her aufgezwungenen Ideologie, etwa: »Du bist nichts – dein Volk ist alles.« Dies kennzeichnet ein Extrem der völligen Unterwerfung in nur scheinbar freiwillige Abhängigkeit, bestimmt von dem Ziel, ein größeres Ganzes zu erhalten, für dessen Verwirklichung das einzelne Leben bedeutungslos ist. Totalitäre Ideologien aller Färbungen mißbilligen jede andersartige Selbstveränderung, die sich nicht diesem Grundsatz der Selbstaufgabe fügt. Die Paradoxie besteht darin, daß eine solche Forderung auf die Länge der Zeit andere Formen der Selbstveränderung hervorbringt, die dann zu höheren Selbstanforderungen führen, mit deren Hilfe der kollektive Druck umgangen oder ausgeglichen werden kann. Je stärker also der kollektive Druck, desto größer die Sehnsucht nach individueller Entwicklung und Eigenständigkeit.

Umgekehrt betonen die nichttotalitären Gesellschaftsformen die Freiheit optimaler Selbstentwicklung durch wachsende Bildungs- und Lernangebote, die dem einzelnen Initiative und die Entwürfe eigener Lebensplanung abfordern wurden. Wiederum scheint hier eine Paradoxie zu entstehen, da offenbar diese Forderung an den einzelnen dazu führt, daß der Hang zu kollektiver Flucht oder zu Rettungsphantasien sich verstärkt, weil durch Individualisierung und Spezialisierung subjektiv die Isolation des einzelnen stärker empfunden wird und dadurch ein erhöhtes soziales Gefälle entstent. Offenbar gibt es auch Entwicklungsstufen im Leben größerer Verbände, großer Gruppen und Gesellschaften, die auf ähnliche Weise zueinander in Beziehung stehen wie die einzelnen Personen im Gefüge einer Altersgruppe, einer Familie oder innerhalb sozialer Schichten, Völker oder ganzer Kontinente. Die Lebensentwürfe zielen stets auf einen Idealzustand hin, der sich an Bedürfnissen orientiert, die völlig verschieden bewertet werden, je nachdem, welche Grundvorstellung von Glück in den einzelnen Kulturen überwiegt. Nun wissen wir, daß subjektiv das Glücksgefühl des einzelnen vorwiegend dadurch bestimmt wird, daß seine Wünsche, Phantasien und Erwartungen sich überwiegend mit der erfahrenen und erlebten Wirklichkeit decken, während Unzufriedenheit und Unlust aus dem weitgehenden Fehlen solcher Übereinstimmung erwachsen. Wiederum wäre zu fragen, woher die individuellen Wünsche, Phantasien und Erwartungen stammen. Allein die Tatsache, daß für den einen Überfluß und Unbegrenztheit Glück bedeuten, während dem anderen Verzicht, Einschränkung, Selbstüberwindung und Bereitschaft zu persönlichen Opfern glückliche Sinnerfüllung bringen, müßte uns darauf aufmerksam machen, daß die Wertvorstellungen der erreichbaren Lebensstufen auf Grundvoraussetzungen beruhen, die anscheinend in hohem Maß unbewußt bleiben.

Was aber geschieht, wenn uns solche Zusammenhänge bewußt werden? Anstelle einer langen theoretischen Beschreibung möchte ich ein typisches Beispiel geben, das mir häufiger begegnete: Der Mann des Erfolges hat bis zur Lebensmitte hin hart gearbeitet, um zu erreichen, was er sich einst vornahm. Er ist vielleicht seinen Altersgenossen um einiges voraus. Er besitzt das ersehnte Haus, hat seine Frau und heranwachsende Kinder, beschaffte den Zweitwagen, das Traumboot und ein Wochenendhaus am See, einen ansehnlichen Sparbetrag und eine ausreichende Alterssicherung. An seinem weiteren beruflichen Erfolg ist kaum zu zweifeln, da all seine geschäftlichen und sozialen Beziehungen, wenn auch oberflächlich, so doch weiterhin erfolgversprechend aussehen. Zugleich aber spürt er eine jähe Entfremdung von seiner Frau und seinen Kindern und beginnt sich insgeheim zu fragen, wozu alles, was er erreicht hat, gut sein soll, wenn er sich innerlich dabei leer und ausgepumpt fühlt, ohne zu wissen, was er noch erwerben könnte, da er alles schon hat. Das Leben gebietet an dieser Stufe Einhalt, und er beginnt zu begreifen, welchen Preis er für diese Erfolge entrichtet hat. Dies ist ein recht alltägliches Ereignis, dem ich im Umgang mit erfolgreichen Männern der Industrie- und Geschäftswelt, aber auch in anderen Berufen immer wieder begegnet bin. Es ist die Sinnfrage, die plötzlich auf dieser Lebensstufe hartnäckiger wiederkehrt. Dabei gibt es gewiß die verschiedensten Lösungen: Flucht in mehr Arbeit und Erfolg bis zum Zusammenbruch oder Einhalt und Besinnung und mögliche Umkehr. Hier begegnet uns aber ein Wertsystem, das anderen, zum Beispiel geschäftlichen Wertsystemen, direkt entgegensteht. Jedes Einhalten oder jeder Zweifel würde vom Standpunkt des üblichen Management-Systems bereits als ein »Knick in der Leistungskurve«

gewertet werden. Für den Betroffenen kann jedoch dieses Einhalten lebensrettend sein, bevor er, durch immer eiligere Flucht in die Arbeit, sich selbst umbringt.

Wir werden also in späteren Überlegungen und genaueren Betrachtungen der Stufen des Lebens auch die Frage stellen müssen, welche Auswirkungen bestimmte Systeme unserer Gesellschaftsformen auf die Möglichkeiten der Lebensentwicklung des einzelnen haben können. Auf eine einfachere Formel gebracht: Solange wir nicht verstehen, welche Wirkungen bestimmte organisatorische Forderungen in unseren hochtechnisierten Gesellschaften auf die persönlichen Entwicklungsbedürfnisse des einzelnen haben, sind wir in der Gefahr, bestimmte falsche Entwicklungswege nur deshalb als unausweichliche Norm anzusehen, weil wir aus noch zu untersuchenden Gründen anderen, durchaus denkbaren Lösungen auszuweichen versuchen.

Bei diesen einleitenden Überlegungen haben wir viele Stufen übersprungen, um zunächst die drei Grundprinzipien des Lebensablaufes erkennbar zu machen, die auf jeder Stufe des Lebens neu erlernt und erprobt werden müssen: die Bewältigung der äußeren Wirklichkeit, die Meisterung der inneren Wirklichkeit des Selbst und die Entwicklung der Fähigkeit, sowohl die äußeren wie die inneren Bedingungen der gegebenen Wirklichkeit einer jeweils bestimmten Lebenssituation meistern zu können. In der Folge werden wir im einzelnen sehen, welche Zwischenstufen überwunden werden müssen, um dieses Ziel zu erreichen. Obwohl Wendepunkte und Einschnitte im Leben des einzelnen durch individuell verschiedene Ereignisse bestimmt werden, die letztlich jedes Leben einmalig und einzigartig machen, gibt es doch bestimmte typische Krisenabschnitte, in denen sich die Wandlungen neuer Lebensstufen ankündigen und vorbereiten. Als größere Abschnitte unterscheiden wir frühe Kindheit, die Reifungsjahre der Pubertät und Adoleszenz genauso wie die Übergangsstufen vom jungen Erwachsenen über die volle Erwachsenenreife bis zur mittleren Lebenskrise, der dann eine längere Stabilisierungsphase vor dem Eintritt in die späte Lebenskrise folgt, bevor sich auf sehr verschiedene Weise der Lebensausklang und der Übergang ins hohe Lebensalter vollziehen. Dies sind Zeitabschnitte, die sich nicht exakt in Alterszahlen festlegen lassen, zumal die Entwicklung in den verschiedenen Kulturen und für den einzelnen jeweils anders verlaufen kann. Wir beschränken uns daher hauptsächlich auf Ergebnisse der Forschung in den westlichen Kulturstaaten, obwohl Vergleiche mit anderen Kulturen gelegentlich Aufschluß über die spezifische Bedingtheit mancher Entwicklungserscheinungen durch gesellschaftliche Faktoren geben können.

Von Bedeutung für die spätere Entwicklung des Lebensablaufs sind ohne Zweifel Grunderfahrungen der frühen Kindheit von der Geburt bis etwa zum dritten und vom dritten bis zum vollendeten sechsten Lebensjahr, obwohl dies auch heute noch, trotz gesicherter Erkenntnisse, immer wieder übersehen oder unterbewertet wird – aus Gründen, die in der menschlichen Entwicklung und in der Verflochtenheit der Generationen liegen.

Der Abschnitt vom sechsten Lebensjahr bis etwa zum zwanzigsten bis vierundzwanzigsten Lebensjahr muß als eine fortschreitende Entwicklungseinheit gesehen werden, obwohl er sich in spezifische Zwischenstufen wie etwa die Latenzperiode zwischen dem sechsten und elften Lebensjahr, die Pubertät zwischen dem zehnten und fünfzehnten Lebensjahr, die Adoleszenz etwa zwischen dem fünfzehnten und neunzehnten Lebensjahr und die Spätadoleszenz etwa vom achtzehnten bis zum einundzwanzigsten oder gelegentlich vierundzwanzigsten Lebensjahr und länger unterteilt. Die Lebensstufe des jungen Erwachsenen, der in der Bewältigung der Lebenswirklichkeit und oft in der Fortsetzung seiner Ausbildung nur langsam die volle Erwachsenenreife erreicht, umfaßt, je nach persönlichen Umständen, Beruf und sozialen Bedingungen, etwa die Jahre vom einundzwanzigsten bis zum beginnenden dreißigsten Lebensjahr. Je nachdem, wann die Erwachsenenreife sich voll ausbildet und welche sozialen Aufstiegsmöglichkeiten bestehen, beginnt der endgültige Ablösungsprozeß aus der Führung durch Ältere und Vorgesetzte etwa in der Mitte des dreißigsten Lebensjahres, leitet aber zugleich auch die mittlere Lebenskrise ein, die zwischen fünfunddreißig und fünfundvierzig Jahren ihren Höhepunkt erreichen kann. Mit der Überwindung und Meisterung dieser oft sehr turbulenten und häufig krisenhaft verlaufenden Übergangsstufe tritt eine relative Stabilisierung ein, in der gegebene Realitäten und Begrenzungen akzeptiert werden können. Keinesfalls verläuft aber jedes Leben so schematisch, daß all diese Stufen garantiert wären und nicht auch andere, positive wie negative Entwicklungen, Fortschritte sowohl wie Rückstände eintreten könnten.

Ein zunehmendes Bewußtsein dafür, daß die verbleibende Lebensstrecke aller Wahrscheinlichkeit nach kürzer als die bisher zurückgelegte sein wird, und die gelegentliche Verstrickung in kaum noch auflösbare Lebenskomplikationen bestimmen weitgehend das Erreichen oder Verfehlen *aller* weiteren möglichen Lebensstufen. Wir wissen noch nicht genau, welche Umstände im Leben des einzelnen das Lebensende im Sinne eines frühen Todes oder des Erreichens eines hohen Lebensalters bestimmen. Das Ausmaß innerer, bleibender Konflikte und deren Verdrängung oder Bewältigung scheint jedoch einen Einfluß sowohl im Sinne der Verkürzung wie der Verlängerung des Lebens zu haben. Verkürzung dann, wenn eine Lebenssituation subjektiv als unlösbar und unerträglich erlebt wird; Verlängerung, wenn ein unbestimmtes Bewußtsein und die Hoffnung bestehen, daß spätere Einsichten und Entwicklungen eine Überwindung und Lösung der aufgeschobenen oder vorübergehend verdrängten Konflikte ermöglichen könnten.

Diese letzte Lebensstufe ist deshalb viel schwieriger zu verstehen, weil sie durch die komplexen Inhalte gelebten Lebens nur im Zusammenhang mit Partnerschaftserfahrungen, Elternerlebnissen und dem Wissen um die zunehmende Begrenztheit der Lebensstrecke begriffen werden kann, während sich zugleich der mögliche Rückblick auf die Vergangenheit fortgesetzt so sehr weitet, daß die Ereignisse fast unüberblickbar werden.

Die Dichter gebrauchen die Symbole vom Frühling, Sommer und Herbst des Lebens – vom Winter mag eigentlich niemand reden, denn die Verleugnung des Todes gehört zu den vielen Allmachtsphantasien der Moderne. Dennoch kommt die verhältnismäßig grobe Einteilung der Dichter dem subjektiven Erlebnis des einzelnen recht nahe, wobei mancher allerdings glaubt, sich noch im Frühling zu befinden, obwohl er längst den Spätsommer erreicht hat. Vergänglichkeit als Wahrnehmungsinhalt bestimmt jedoch letztlich die Entscheidung auf jeder Stufe des Lebens. Wer die Frage nach dem Sinn des Erreichten stellt, muß sich selbst Antwort und Rechenschaft darüber geben können, was er getan und was er unterlassen hat. Erst daraus kann die jeweils der Lebensstufe entsprechende Reife entstehen.

FRÜHE GEDÄCHTNIS-BANK

Wenn wir versuchen, uns an die frühe Kindheit und an die ersten Stufen unseres Lebens zu erinnern, wird es kaum gelingen, irgendwelche vollständigen Zusammenhänge zurückzurufen. Der Schleier des Vergessens – die Amnesie – liegt über den ersten Jahren, obwohl sie größte Bedeutung für den weiteren Ablauf des Lebens haben. Es gelingt uns deshalb nur rückblickend, jene Grundthemen zu verstehen, die jeweils die Lebensmelodie des einzelnen bestimmen. Um diesen Zusammenhang besser verstehen zu können, müssen wir zunächst einräumen, daß unser Leben von Sinneswahrnehmungen mitbestimmt wird, die auch für den Erwachsenen fortbestehen. Tasten, hören, riechen, schmecken und sehen sind sinnliche Grundfunktionen, auf die wir weitgehend angewiesen sind, was keineswegs bedeutet, daß durch angeborene Blindheit, Taubheit oder andere Mängel Lebensentwicklungen nicht erreicht werden könnten. Im Falle solcher Behinderungen ist die Entwicklung jedoch ungleich schwieriger und kann oft nur auf sehr schmerzlichen Umwegen erfolgen.

Es ist das wertvollste Geschenk, seine fünf Sinne beieinander zu haben, da wir ohne diese fünf Sinne große Schwierigkeiten bei der Bewältigung der ersten Lebensstufen hätten. Was vor der Geburt in der ungetrennten Einheit von Mutter und Kind während der Schwangerschaft geschieht, ist weitgehend unerforscht und noch vielfach umstritten, obgleich diese Stufe den Beginn jedes Menschenlebens darstellt. Innerhalb der Embryonalentwicklung werden jedoch zugleich biologisch vorgeschichtliche Entwicklungsstufen durchlaufen, die es schwierig machen, den genauen Zeitpunkt zu bestimmen, zu dem eine menschliche Entwicklung voll erreicht ist. Manche Biologen würden vielleicht am ehesten, entsprechend der Entwicklung der Gattung, annehmen, daß dieses menschliche Potential mit der Ausbildung der Großhirnrinde erreicht wird, deren Vorhandensein den Menschen von den Anthropoiden unterscheidet. Ähnlich bestimmen wir auch das Ende einer menschlichen Existenz dann, wenn die Aktivität des Großhirns aufgehört hat und nicht mehr nachweisbar ist, obgleich die primitiveren Funktionen des Stammhirns, die wir mit den Tieren teilen, noch weiter bestehen können.

Zur vollen Wirkung kommen die genannten Sinnesfunktionen erst mit der Trennung von Mutter und Kind jenseits der Geburt, obgleich die Bereitschaft dazu sich vorher schon ausbildet. Wir können nur aus der Bedeutung dieser Funktionen im späteren Leben zurückschließen, daß sie eine Erlebnisbasis der frühen Lebensstufen darstellen, auf denen spätere Bedürfnisse beruhen. So ist die Haut jedes Menschen im subjektiven Erleben ein Kontaktorgan, das auf Berühren und Berührtwerden ebenso reagiert wie auf Temperaturveränderungen von innen und von außen. Selten wird der Erwachsene, der sich beglückt und faul in einer warmen Badewanne anschickt, über den Reinigungszweck hinaus sich allerlei Genüssen des Trinkens, Essens, Rauchens oder gar Lesens hinzugeben, damit die Erinnerung an jenen dunklen Raum im Mutterleib verbinden, in dem er, von gleichbleibend warmer Flüssigkeit umgeben, einen durchaus sorglosen Zustand erfuhr. Naheliegender ist es dann noch, den Zustand mit jener zärtlichen Zuwendung zu vergleichen, die man als Baby in einer warmen Badewanne erfuhr, während ein weicher Schwamm oder liebevolle Hände die Haut berührten — ein durchaus bleibendes Bedürfnis, wenn man den Gewohnheiten der intimen Erotik etwas genauer nachgeht. Dieselbe Haut wird aber auch als Grenze zwischen innen und außen erlebt, was dazu führen kann, daß unterdrückte innere Inhalte jäh dort auf der Oberfläche sichtbar werden. So etwa heimliches Erröten, das nicht willentlich unterdrückt werden kann, sich aber bekanntlich nur auf den sichtbaren Teil der Haut beschränkt. Es beruht auf einer jähen Erweiterung der Blutgefäße, so als solle die Grenze nach außen erweitert oder verdichtet werden, ähnlich wie die plötzliche Blässe, die einen Rückzug durch Verengung der Gefäße und damit die Rücknahme der Hautgrenze ausdrückt. Aber auch der Hautausschlag, der natürlich ebenso auf äußeren Einflüssen oder einer Infektion beruhen kann, drückt gelegentlich innere Inhalte aus, die unbewußt bleiben müssen, weil ihr Erlebniszusammenhang unterhalb der Sprachgrenze in ganz frühen Konflikten liegt. Was wir zum Verständnis der Lebensentwicklung im Gedächtnis behalten müssen, ist die Tatsache, daß die früheste Lebensstufe eine Art Haut- und Empfindungswelt ist, deren Sinnesqualitäten und Bedürfnisse erhalten bleiben und zunehmende Bedeutung für den mitmenschlichen Kontakt bekommen. Es bliebe sonst völlig unverständlich, warum die Berührung der Haut – und nicht nur der Geschlechtsorgane – in der Erotik eine so bedeutsame Rolle spielt.

Ähnlich steht es um die sich fast gleichzeitig entwickelnden Sinneserlebnisse der Mund- und Greifwelt in der ersten Lebensstufe. Es wäre sonst kaum verständlich, warum Menschen der Berührung der Lippen im Kuß eine so große erotische Bedeutung zumessen, daß sie die ironischen Warnungen der Bakteriologen mißachten. Die Wissenschaftler der Hygiene behaupten nämlich, daß mit jedem Kuß eine beträchtliche Anzahl von Keimen übertragen wird, gegen die allerdings meist eine bereits bestehende Immunisierung schützt.

Wir wissen nicht genau, was der Säugling schmeckt und riecht, können aber aus späteren, individuell verschiedenen Bevorzugungen oder einem bestimmten Speiseabscheu gewisse Schlüsse ziehen, daß solche frühen Grunderlebnisse auch später Bedeutung behalten, obwohl sie unbewußt sind. Das kann so weit gehen, daß Ablehnung etwa in der Alltagssprache oft dadurch ausgedrückt wird, daß man eine bestimmte Person »nicht riechen« kann oder daß einem eine bestimmte Arbeit oder Entscheidung »nicht schmeckt«, oder man sich sogar bemüht, eine unangebrachte Bemerkung besser zu »verschlucken«. Die Erfahrungen der frühen Mundwelt sind jedoch viel weitgehender, da sie in größerem Ausmaß unser späteres Grundvertrauen oder Mißtrauen beeinflussen. In seiner Hilflosigkeit ist der Säugling und noch weitgehend das Kleinkind auf die Fürsorge seiner Umgebung angewiesen, die am Beginn des Lebens hauptsächlich auf der Zufuhr von Nahrung, dem Wärmeschutz und der Beseitigung der Ausscheidungen beruht. Damit ergeben sich drei Hauptquellen der ersten sinnlichen Erfahrung. Der Schrei des Säuglings, als Signal empfangen, löst eine immer wiederkehrende Kreislaufreaktion aus: Auf Nahrungszufuhr folgen Sättigung, Befriedigung und Schlaf, Verdauung, Ausscheidung, Hunger und erneuter Schrei, wodurch der gleiche Ablauf sich wiederholt. All dies verbindet sich normalerweise mit Gefühlszuwendung als Hörerlebnis des Säuglings, etwa im Singsang der Babysprache der Mütter oder Pflegepersonen, bei der Brustnahrung mit dem Fühlen der Hautwärme und ersten, jedoch noch ungenauen optischen Wahrnehmungen, da die Augen des Säuglings während der Nahrungsaufnahme an der Brust auf das Gesicht der Mutter gerichtet sind. Ebenso haben Kälte und Einsamkeit oder das Verbleiben der Ausscheidungen in den Windeln eine Wirkung auf die Sinneserlebnisse der Haut, die unangenehm sein können, genauso wie Wärme und Zuwendung oder die ersten Berührungserfahrungen an den Ausscheidungs- und Geschlechtsorganen, die erst viele Jahre später ausreifen, durchaus vom Säugling als lustvoll erlebt werden können. Die erste Stufe, die Erfahrung der Hautberührung, wird natürlicherweise hier bereits geprägt und mit dem Erlebnis bestimmter Personen und Handlungen verbunden. Was viel später im Erwachsenenleben als »erotische Reizzone«, als sexuell erregender Bereich erlebt werden kann, hat auf der ersten Lebensstufe eine dem Hautsinn zuzuschreibende Berührungsqualität. Die spätere Angst vor Berührung oder das lustvolle Verlangen danach werden davon genauso bestimmt, wie das Grundvertrauen in die regelmäßige Wiederkehr von Nahrung und Befriedigung einen Teil der Liebesfähigkeit und Zufriedenheit bestimmt.

Es handelt sich also um Sinnesqualitäten, aus denen sich später hochdifferenzierte Gefühle entwickeln. Der viel abstraktere, oft als unbestimmbar erlebte Charakter gewisser Gefühle und Stimmungen im Leben des Erwachsenen kann nur dann richtig verstanden und möglicherweise korrigiert werden, wenn all jene Vor-Lieben oder Ängste im Zusammenhang mit der lustvollen Befriedigung oder unlustvollen Versagung von ersten Sinnesreizungen gesehen werden. Schließlich enthält das Liebesleben und die Intimität Erwachsener viele Erlebnisqualitäten, die auf der Befriedigung ähnlicher Sinnesreize beruhen, wobei sich dann oft das Glücksgefühl mit einer Art Rückkehr in ein verlorenes Paradies verbindet. Diese erste Lebensstufe ist tatsächlich in jeder Weise ein unschuldsvolles Paradies, da alle Sinnesbefriedigungen frei von jedem Schuldgefühl erfahren und erlebt werden können, solange die psychische Einheit »Mutter-Kind« noch nicht zertrennt ist. Dies geschieht dann allerdings schon bald, sowohl mit dem Übergang von flüssiger zu fester Nahrung als auch mit dem Beginn der Reinlichkeitsgewöhnung.

Diese frühen Entwicklungsphasen sind so vielfach beschrieben und nahezu allgemeines Bildungsgut, daß es uns hier nur darauf ankommt, auf ihre Verbindung und Bedeutung für spätere Entwicklungsstufen hinzuweisen. Ur-Vertrauen und Ur-Mißtrauen beruhen auf der Erfüllung oder Verweigerung frühkindlicher Bedürfnisse, wobei Überreizung genauso verhängnisvolle Wirkungen haben kann wie ein mangelndes Angebot an Sinnesreizen. Von Bedeutung ist ferner, daß sich die Hörfunktion früher ausdifferenziert als die Sehfähigkeit, beide jedoch zur frühen passiven Erlebniswelt gehören, der dann die Ausbildung der gezielteren

Muskelaktivität primär in Händen, Armen und Beinen folgt. Auch hier ist der Säugling und das Kleinkind in den Erfahrungen seiner Bewegungslust auf die Bejahung und Antwort seiner Umgebung angewiesen. Wir kommen nicht um die traurige Feststellung herum, daß der größere Teil dieser Erlebnisse ausbleibt und fehlt, wenn etwa bei einer unerwünschten Schwangerschaft, bei Unreife oder Unkenntnis der Mutter oder verantwortlichen Pflegeperson das Kind abgelehnt oder feindlich behandelt wird. Obwohl wir annehmen, daß spätere Lebensstufen bis zu einem gewissen Grade Korrekturen und Nachholerlebnisse ermöglichen können, verkennen wir dennoch häufig, welche außerordentlichen Schwierigkeiten dies für den jeweils Betroffenen und seine soziale Umgebung bedeutet. Da in jedem Menschen eine völlig unbewußte Neigung besteht, die ursprünglichen Umweltbedingungen immer wieder herzustellen, um den hochgradig angstbesetzten Veränderungsmöglichkeiten zu entgehen, entstehen natürlich auch Widerstände. Dadurch geht dann oft in völliger Verkennung des tatsächlichen Entwicklungsstandes und der erreichten Lebensstufe die Möglichkeit zur Weiterentwicklung verloren, und die Betroffenen wiederholen zwanghaft immer wieder das Verhalten und die Bedürfnisse der jeweiligen kindlichen Lebensstufe, auf der sie innerlich unbewußt fixiert sind. Je länger das im Vergleich zum Lebensalter anhält, desto eher wird es von der Umgebung als verschuldetes Entwicklungsversäumnis gewertet, so daß Änderungsmöglichkeiten kaum noch angeboten und damit nahezu aussichtslos werden. Hier scheint der entscheidende Unterschied zwischen Erziehung und Behandlung als Mittel der Entwicklungshilfe für weitere Lebensstufen zu liegen, auf den wir später noch genauer zurückkommen werden. Jedoch sollten wir uns nie dazu verleiten lassen, vom äußeren Lebensalter her auf die innere Entwicklungsstufe zu schließen.

Wir sind nicht ohne weiteres bereit, den Umgang mit der Macht frühen Kindheitserlebnissen zuzuschreiben, da dieser Zusammenhang zunächst zu ungewöhnlich erscheint. Dennoch liegt das Grundthema Macht-Ohnmacht, Selbständigkeit-Abhängigkeit in einer Erfahrung begründet, die sich in anderer Weise auf späteren Ebenen des Lebens wiederholen kann. Wiederum ist zu betonen, daß das Kleinkind zumindest seelisch völlig wehrlos der Gewalt seiner Umgebung ausgeliefert ist. Der erste, ohne Worte verlaufende Streit spielt sich dann ab, wenn die Nahrung des Kindes verändert wird. Der Ersatz der wärmenden Brust und des Hautkontaktes durch den Gumminippel der Flasche ist in der Erlebniswelt des Säuglings vermutlich ein schäbiger, durchaus frustrierender Tausch. Ähnliche Erlebnisse verbinden sich mit dem Übergang von flüssiger zu fester Nahrung. Dem Durchschnittserwachsenen wird es vermutlich jedoch kaum einfallen, daß seine frustrierte Vorfreude auf eine dann enttäuschend ausfallende Speise und seine irrational wütende Beschimpfung des Kellners vermutlich im Unbewußten versunkene Vorläufer hat, nur daß er keineswegs bereits über die entsprechende Wortgewalt verfügte, um seinen Unwillen zum Ausdruck zu bringen. Vielmehr muß der Säugling hinnehmen, daß ihm ein Löffel in den Mund geschoben wird – mitunter bis in den Rachen – und im Falle der Verweigerung, des Ausspeiens, ihm die Kante desselben Löffels zur Rasur des überlaufenden Speisebreies über das Kinn fährt, um anschließend denselben Vorgang erbarmungslos zu wiederholen. Sein ohne Worte im Schrei oder der Abwehr ausgesprochenes »Nein – das will ich nicht!« wird im Interesse weiterer Entwicklung unbeachtet gelassen. Es erscheint zunächst als ein gewagter Gedankensprung, wenn wir diesen Säugling mit dem Oberschüler vergleichen, dem etwas bei bester Bemühung nicht *eingehen* will oder der bestimmte aufzunehmende Inhalte ärgerlich »zum Kotzen« findet und nicht bereit ist, sie »zu schlucken«. Dennoch hängen beide Vorgänge zusammen.

Bedeutsam ist auch die Forderung, zu einer bestimmten Zeit an bestimmtem Ort ein Erzeugnis abzuliefern, dessen Hergabe oder Verweigerung allein in der Entscheidungsmacht des Kindes liegt. Auch dieser Dialog als Grundthema wird allzu oft mißverstanden, besonders, wenn Ungeduld und Unkenntnis die Verständigung erschweren. Das *Gehenlassen* der natürlichen Ausscheidungsfunktionen, wann immer der Entleerungsreflex eintritt, hat auch für viele Erwachsene – wenn auch oft heftig bestritten – durchaus lustvolle Entlastungsqualität.

Jeder Säugling ist in der glücklichen Lage, auf der ersten Stufe unbekümmert der Natur freien Lauf lassen zu können, und erlebt zusätzlich noch Befriedigung durch das lustvolle Gefühl, von einer nahezu göttlich erscheinenden Person gewaschen, gepudert, eingesalbt und gewindelt zu werden. Die gleiche Person beginnt jedoch, eines Tages eine Forderung zu stellen, die sich zunächst mit einem befremdenden Hautberührungserlebnis auf der Kehrseite verbindet. Wer sich selbst dank frühzeitig der Möglichkeiten des Films bewußter Eltern eines Tages als Erwachsener in dieser Szene betrachten darf, wird über den dümmlich-ängstlichen Blick kaum verwundert sein, wenn er verstanden hat, was für ein Einschnitt in einen paradiesischen Zustand dieser Augenblick für ihn bedeutete. Es handelt sich dabei um einen Lernprozeß, der in ganz anderen Lebensbereichen in späteren Entwicklungsstufen seine Bedeutung behält. Es gilt nämlich, etwas von innen nach außen zu bringen, sich »auszudrücken« und etwas herzugeben, was unbestreitbar eigener unzugänglicher und wohlverborgener Besitz ist. Auch der Erwachsene wird daher kaum bereit sein, einer ungeliebten Person etwas herzugeben – andernfalls hätten wir gewiß nur freudig gebebereite Steuerzahler. Anders ist das einer geliebten Person gegenüber, wenn die Gebefreudigkeit ebenso wie das Bedürfnis, Neues zu produzieren, sich übersteigern kann. Behalten wir aber die Tatsache im Blickfeld, daß Zurückhalten und Verzögern zugleich ein Mittel sein kann, um sich das Interesse und die Aufmerksamkeit des Empfängers dieser Gabe recht lange zu sichern, dann wird verständlicher, warum wir zuvor andeuteten, daß der Umgang mit Macht auf bestimmten Grunderfahrungen beruht. Obwohl das Kleinkind gewiß nichts über Machiavellismus weiß, lernt es früh, daß es durchaus in seiner Macht liegt, die Mutter an den Ort dieses Verhandlungsdialoges zu binden, solange es das geforderte Produkt nicht von sich gibt. Dieses Hergeben wird aus der Perspektive des Kindes um so zweifelhafter, als das plötzliche Verschwinden dieser Kostbarkeit letztlich auch eine Mißachtung solcher durchaus durch Anstrengungen erreichten Produktion bedeutet.

Indem wir die Begriffe der Erwachsenenwelt wählen, wird deutlicher, daß auch diese frühkindlichen Erlebnisqualitäten ihre Bedeutung auf späteren Lebensstufen behalten. Nichts könnte dies mehr erhellen als die Peinlichkeit des Kontrollverlustes von Ausscheidungsvorgängen für den Erwachsenen während einer Krankheit, Operation oder unfreiwilliger Bedrängnis. Es ist der Stolz der errungenen Kontrolle, der das erste Selbständigkeitsgefühl begleitet, obgleich für einige Zeit ein Preis dafür zu zahlen ist, der wiederum unangenehme Gefühle auslösen kann. Nicht nur die Ungewißheit über den Verbleib und die Bewertung des Produktes schafft nagende Selbstzweifel, sondern auch das hilflose Ausgeliefertsein an eine fremde Kontrolle von hinten – also in einem dem Auge nicht zugänglichen Bereich. Die bewegte Klage mancher erwachsener Moralisten über die vermeintliche Verderbtheit abwegiger Sexualbedürfnisse verkennt leicht bestimmte Grundthemen der frühen Entwicklungsstufen, die sich nur dann in andere, gleichsam höhere Zusammenhänge einbetten und wandeln lassen, wenn die Konflikte dieser ersten Lebensstufe erfolgreich bewältigt wurden. Das ist nur dann möglich, wenn vom Erwachsenen jene Erlebniszusammenhänge des Kleinkindes begriffen werden,

34

die eben dieses Kind selbst erst als Erwachsener in vertieftem Rückblick und einer Wirklichkeitskontrolle der verbliebenen Überreste und Erinnerungsbruchstücke in Gewohnheiten, Einstellungen oder besonderen Empfindlichkeiten voll verstehen lernen kann.

Mit der Errichtung der Ekelschranke, die etwa mit der Formel »Pfui-baba« bekräftigt wird, ist zugleich auch ein erheblicher Verlust der Geruchswahrnehmung verbunden, da die zuvor lustvolle Qualität des Eigengeruchs der Ausscheidung von hier an unterdrückt werden muß. Vielleicht findet die Beschwerde, daß Hippies so oft stinken, eine Erklärung darin, daß dieses Stinken einerseits ein Stück unverwechselbarer Eigenständigkeit ist, das nicht nachgeahmt werden kann. Zugleich läßt sich die Beobachtung Hans Zulligers und vieler Erzieher bestätigen, daß die besondere Fähigkeit, willkürlich zu stinken, wann immer man will, gerade im Pubertätsalter als deutliche Macht- und Terrorbegabung innerhalb der Altersgruppe Bewunderung findet.

Was in der Sprache der Psychologie als »orale« und als »anale« Entwicklungsphase bezeichnet wird, kann je nach Verlauf später gewisse überwertige Charakterzüge bestimmen, die teils als Tugend, teils als Untugend erscheinen. Gier in jeder Form als Unmäßigkeit in Essen und Trinken, aber auch als Machtgier oder extremes Geltungsbedürfnis beruht genauso wie Geiz, Neid, Rachsucht, Zerstörungswut, Sadismus oder Masochismus auf solchen ungelösten Fixierungen und dem Beharren auf den Erlebnisweisen früher Entwicklungsstufen. Eine Wandlung ist so lange kaum möglich, als solche Fixierungen nicht aufgelöst werden. Umgekehrt erscheinen Verzichtsbereitschaft, Sparsamkeit, Toleranz oder Opferwilligkeit als Tugenden, da der Ausgang dieser frühen Erfahrungen sehr verschieden sein kann und weitgehend abhängig von den jeweiligen Überzeugungen der Umgebung ist. Ein klassisches Beispiel für die Wandlung in den Auffassungen über die Bedeutung der frühen Kindheit ergibt sich aus dem Studium des Wolfenstein-Berichtes, der die von 1914 bis 1951 propagierten Methoden der Kindererziehung in den Vereinigten Staaten schildert. Vor und nach 1914 bis etwa in den Beginn der zwanziger Jahre hinein wurde als größte Gefahr für die Entwicklung des Kleinkindes dessen sexuelles Interesse angesehen. Ratschläge für die Bekämpfung der Selbstbefriedigung mit allen Mitteln erscheinen heute wie aus einem anderen Jahrhundert. Die Empfehlungen, Kinder an Armen und Beinen im Bett anzubinden, um eine Berührung der Geschlechtsorgane zu verhindern, sowie zahlreiche Apparate zur Kontrolle und Verhütung sexueller Erregung waren noch bis in den Anfang der zwanziger Jahre die Regel. Ebenso wurde das Daumen- oder Fingerlutschen mit allen Mitteln bekämpft, angeblich um Mißbildungen des Kiefers zu verhindern, vor allem aber um die autoerotischen Strebungen des Kindes zu blockieren. Im Gegensatz hierzu setzt mit den zwanziger Jahren eine Entwicklung ein, in der die Hauptgefahr in der Tendenz des Kindes gesehen wird, seine Umgebung beherrschen zu wollen. Die Erziehungsanweisungen richten sich daher hauptsächlich darauf, absoluten Gehorsam und Pünktlichkeit zu erreichen, den Trotz des Kindes zu brechen und die größere Macht der Eltern zu demonstrieren. Alles muß genau nach Zeit geregelt werden, Pünktlichkeit und Ordnung sind die Hauptelemente der Erziehung. Die Einstellung gegenüber dem Daumenlutschen bleibt noch weitgehend unverändert, jedoch wird das erotische Streben des Kindes nicht mehr als Gefahr gesehen, sondern vielmehr sein Machtstreben.

Bereits gegen Ende der zwanziger Jahre haben sich die Entwicklungsauffassungen dann um fast 180 Grad gewendet. Die sexuellen Spiele des Kindes werden als Entdeckerfreude am eigenen Körper interpretiert und schließlich mit dem Beginn der dreißiger und vierziger Jahre als natürliche Übergangserscheinung in der Entwicklung gewertet. Auch die

Reinlichkeitserziehung wird schließlich in den vierziger Jahren aufgelockert, die Furcht vor dem Machtbedürfnis des Kindes über die Eltern schwindet vollständig. Pünktlichkeit und Ordnung sind ohne besonderen Belang, Daumenlutschen wird geduldet, jedoch erhält die Gefühlsbeziehung zwischen Mutter und Kind eine Bedeutung, die zuvor niemals in diesem Maße betont wurde. In anderen Ländern ist die gleiche Entwicklung etwa um fünf bis acht Jahre verspätet zu beobachten.

Überlegen wir einen Augenblick, welche Altersgenerationen von diesem Wechsel in der Erziehung betroffen sind, so werden die Einflüsse der gesellschaftlichen Überzeugungen als Überreste der frühesten Lebensstufe erkennbar. In der Generation der heute Sechzig- bis Siebzigjährigen findet sich gewiß eine größere Sexualabwehr bei gleichzeitig stärkerer sexueller Neugier mit dem Interesse für das Verbotene als etwa bei den nachfolgenden Generationen. In der Generation der heute etwa Sechsundvierzig- bis Sechsundfünfzigjährigen findet sich eine Überbetonung von Ordnung, Pünktlichkeit und Reinlichkeit. Das Leben ist hier gleichsam nach einem Stundenplanprogramm aufgebaut, und einer der Hauptinhalte ist der Machtkampf zwischen Herrschen und Beherrschtwerden, der sich im Prestigedenken ebenso ausdrückt wie im Streben nach materieller Macht oder beruflichem Erfolg. Alles muß nach der Uhr geschehen.

Der Bruch mit diesen Prinzipien setzt in den Folgegenerationen ein, die in den ersten Lebensstufen ein viel größeres Ausmaß sexueller und aggressiver Freiheit erfahren haben. Der ab 1930 in den Regeln der Kindererziehung sich abbildende Umschwung kommt sicher zuerst in den USA zum Tragen und umfaßt heute die Generation der Dreißig- bis Vierzigjährigen, während die Jahrgänge unter vierzig Jahren in einer Atmosphäre der wachsenden Toleranz bis hin zur Gleichgültigkeit oder Verwöhnung aufgewachsen sind, die ihnen in größerem Umfange Lustbefriedigung erlaubt hat als allen Generationen zuvor. Obwohl in Deutschland durch die politischen Umstände der dreißiger Jahre diese Entwicklung sich verzögert hat, setzt sie nach dem Kriege gegen Ende der vierziger Jahre in gleicher Weise ein, wie sich aus den zahlreichen Veröffentlichungen zur Kindererziehung im Vergleich mit früherer Literatur nachweisen läßt. Wir könnten über diesen Wandel hinweggehen, wenn er nicht so bedeutsam wäre für die späteren Lebensstufen. Unsere Gefühle, Überzeugungen, Haltungen und Einstellungen werden jedoch entscheidend von den ersten sinnlichen Erfahrungen geprägt, je nachdem, auf welche Weise deren Entwicklung gefördert, gehemmt, unterdrückt oder in Bahnen gelenkt wurde, die eine spätere Korrektur oder Weiterentwicklung dieser ersten Triebbefriedigungen ermöglichen.

Die Grundmelodie des Lebens – von Eric Berne auch als »life-script« beschrieben – hat sich auf der ersten Lebensstufe bis zum dritten Jahr so weit ausgebildet, daß die folgenden drei Jahre hauptsächlich der Verfeinerung und Ergänzung dienen. Die Grundgefühle des Menschen, Angst, Abhängigkeit, Protest, Haß, Liebe, Eifersucht, Neid, Eitelkeit und Selbstliebe, Wut und Zorn, aber auch Anlehnungsbedürfnis und Zärtlichkeitswunsch sind in ihren Urformen vorhanden, jedoch an ganz bestimmte Ur-Erlebnisse gebunden. Wenn Freud und mit ihm die meisten Psychoanalytiker von der Ur-Szene sprechen, so ist damit jener unausweichliche und schmerzliche Konflikt gemeint, in den jedes Kleinkind gerät, wenn es zu begreifen beginnt, daß es seinen zweiten Platz im Dreieck der Kind-Eltern-Beziehung und damit die Wirklichkeit annehmen muß. Diese kindliche Wirklichkeit lautet zunächst: Ich bin klein und machtlos, und ihr beide seid übermächtige Riesen, die entweder gut zu mir sein können und dann weiß, oder böse und dann schwarz und dunkel erscheinen. Der Erfolg des »Weißen Riesen« in der Werbung scheint hier ein lösbares Geheimnis zu haben.

Dieses Vorurteil, daß Weiß immer gut und Schwarz stets böse und bedrohlich sei, wird häufig als eingewurzeltes Erwachsenenvorurteil nicht nur für Reklamezwecke, sondern auch zur rassistischen Verleumdung ausgenutzt.

Entscheidender Entwicklungsfaktor dieser Lebensstufe ist die Ausbildung der Phantasie. Angesichts der überwiegenden Fülle unbekannter Zusammenhänge in der das Kind umgebenden Wirklichkeit bleibt zunächst keine andere Möglichkeit, als allerlei Unzusammenhängendes miteinander zu kombinieren und die unbegreiflichen Teile der Wirklichkeit durch Erfindungen der Phantasie zu ersetzen. Das wird irrtümlicherweise von manchen ungebildeten Erwachsenen als Lüge oder Spinnerei aufgefaßt, weil sie nicht verstehen, wie sehr das Kleinkind sich danach sehnt, ebenso groß wie die Erwachsenen, nach Möglichkeit aber größer zu sein und alle Zusammenhänge verstehen zu können, die die Erwachsenen offenbar beherrschen. Dabei erscheinen die Elterngestalten dem Kinde tatsächlich als allmächtig, so daß es in seinen eigenen Allmachts- und Größenphantasien davon träumt, die gleichen, magisch erscheinenden Fähigkeiten zu besitzen. Die Allmacht der Eltern erscheint dem Kinde deshalb als magisch, weil es die tatsächlichen Wirklichkeitszusammenhänge noch nicht kennt und nicht weiß, wie die Eltern die verschiedenen Vorgänge bewirken. Gerade deshalb hat das magische Denken des Kindes – die Phantasie der Zauberformel – so große Bedeutung, weil ihm Denken und Wünschen bereits als vollzogene Wirklichkeit erscheinen. Das ist für den Sozialisationsprozeß und die erste Gewissensbildung von erheblicher Bedeutung, denn der Knabe, der sich etwa durch den heimkehrenden Vater und dessen Anspruch von der geliebten Mutter getrennt sieht und diesen Vater in seiner Phantasie zum Kuckuck wünscht, entwickelt logischerweise dann die Angst, daß dieser Wunsch Wirklichkeit werden könnte und er daran schuld sei, sobald dem Vater etwas zustößt. Da er zugleich auch den Vater liebt und bewundert, fürchtet er Entdeckung und Strafe für den bösen Wunsch. Erst das beängstigende Schuldgefühl wegen der sich verstärkenden aggressiven Wünsche gegen den gleichgeschlechtlichen Elternteil als Rivalen führt dann zu einer verbesserten Prüfung der Wirklichkeit.

Dem Mädchen ergeht es nicht viel anders mit der Nachahmung des mütterlichen Verhaltens, das keineswegs zu dem in der Phantasie erwünschten Ergebnis führt, der Vater möge die Mutter zugunsten der Tochter aufgeben. Da für beide Geschlechter diese Realität nicht zu beheben ist, muß eine Korrektur im Sinne der veränderten Realitätswahrnehmung erfolgen. Die damit verbundenen Gefühle sind ungemein schmerzlich und allenfalls mit der Pein und der Eifersucht enttäuschter erwachsener Liebender zu vergleichen, deren geliebter Partner sie an einen anderen verrät. Wir sind stets über Eifersuchtstaten erschrocken, die zur Tötung des Liebespartners durch den abgewiesenen oder betrogenen Partner führen. Leider machen wir uns dabei nicht klar, daß die mit solchen Taten verbundenen Gefühle und Phantasien auf Erfahrungen des Kindes auf der ersten Lebensstufe beruhen. Dabei weiß das Kind freilich nichts von Mordwünschen, aber es wünscht den vermeintlichen elterlichen Rivalen des eigenen Geschlechts einfach »weg« – er oder sie soll von der Bildfläche verschwinden. Wegsein ist aber gleichbedeutend mit Auslöschen und Tod, auch wenn das Kind in diesem Stadium die Bedeutung des Todes noch nicht kennt. Erst das Erreichen dieser äußersten Grenze führt zu einer Umkehr der Gefühle und schließlich zum inneren Annehmen der genauer erkannten Wirklichkeit durch einen wichtigen Entwicklungsvorgang, den wir Identifizierung nennen. Anstatt einen aussichtslosen Kampf mit dem übermächtigen vermeintlichen Rivalen des eigenen Geschlechts zu führen, begreift das Kind an diesem Krisenpunkt der ersten Lebensstufe sowohl seine reale Ohnmacht, zugleich aber auch das Wachstumsprinzip. Die Hoffnung auf eine ähnliche Entwicklung läßt den gleichgeschlechtlichen Elternteil zunehmend als nachahmenswertes und bewunderungswürdiges Vorbild erscheinen, aus dessen Verhalten sich lernen läßt, wie bestimmte Fähigkeiten erworben werden können, die zuvor dem kindlichen und magischen Denken als Allmacht erschienen. Die Korrektur und Aufgabe der eigenen Größen- und Allmachtsphantasien zugunsten einer intensiveren Hinwendung und größerem Interesse für die Realität ist die Konsequenz eines Übergangs zur nächsten Entwicklungsstufe.

Freilich ist das Kind darin weitgehend abhängig von der Bejahung, dem Verständnis und den richtigen Entwicklungsanstößen seiner Umgebung. In der Mehrheit sind dies die Eltern, woraus sich eine andere Komplikation ergibt: Das heranwachsende Kind mobilisiert nämlich durch sein Verhalten in seinen Eltern oder anderen nahen Erziehungspersonen seiner Umgebung deren weitgehend unbewußte, verdrängte und vergessene Kindheitserlebnisse und Konflikte, die sie mit ihren eigenen Eltern hatten, ohne daß sie diese völlig auflösen und verstehen konnten. Dadurch geraten nicht nur die elterlichen Ehepartner in Meinungsverschiedenheiten über Erziehungsgrundsätze und die richtige Behandlung des Kindes, sondern in beiden Partnern werden verbliebene Überreste kindlicher Bedürfnisse und Ansprüche geweckt, die nicht selten zu geheimer Rivalität oder Neid dem Kinde gegenüber führen können.

Wir müssen betonen, daß diese Gefühle zunächst weitgehend unbewußt bleiben, weil Elternschaft zu verschiedenen, aufeinander folgenden Entwicklungsstufen des Lebens gehört, auf denen die Eltern selbst bestimmte Reifungsprozesse bewältigen müssen. Kinder sind um so mehr in ihrer Entwicklung behindert und benachteiligt, je mehr sich die Eltern um diesen Entwicklungsprozeß drücken oder ihn zu vermeiden suchen. Das Kind hat dann nur die Möglichkeit, sich gegen die entwicklungshemmenden Eltern zu wenden – was nur selten gelingt –, oder ein Verhalten zu entwickeln, das die Eltern dann zwingt, die Überreste der eigenen Kindheit aufzuarbeiten. Die meisten Eltern verkennen in den Untaten oder in dem Fehlverhalten ihrer eigenen Kinder, wie sehr die Kinder zu Delegierten der unterdrückten Elternwünsche geworden sind und das ungelebte Leben der Eltern ausleben.

Wir müssen wahrnehmen lernen, daß die Leidenschaften der Eltern genauso wie die der Großeltern in ganz bestimmten Zusammenhängen mit der ersten Entwicklungsstufe des Kindes stehen. Jedes heranwachsende Kind rührt mit seinem Verhalten Erinnerungen auf und erweckt bestimmte Gefühle, die wiederum für die Eltern völlig verschieden von denen der Großeltern sind. Die Alltagsweisheit, daß Großeltern und Enkelkinder nur einen gemeinsamen Gegner haben, nämlich die Eltern, weist auf diese Verschiedenheit der Wahrnehmungen hin. Während die Großeltern beiderseits häufig in den eigenen Kindern all jene Erziehungsfehler und -irrtümer erkennen, die ihnen einst selbst unterliefen, die sie aber nun gerne korrigieren möchten, befinden sich die Eltern in einem Dilemma. Gegenüber den eigenen Kindern erscheinen sie als Vater und Mutter, gegenüber den eigenen Eltern jedoch bleiben sie Söhne und Töchter. Da unser Erziehungssystem selten eine brauchbare und in tieferen Persönlichkeitsschichten wirksame Vorbereitung auf die Elternschaft als Entwicklungsphase anbietet, neigen viele Eltern dazu, die eigenen Eltern und deren Erziehungsgrundsätze nachzuahmen. Dabei schleicht sich oft das Bedürfnis ein, die eigenen Kinder besser zu behandeln, als die Eltern es selbst erlebt haben. Diese vermeintliche Verbesserung scheitert jedoch meist gerade an den daraus unbewußt entstehenden Neidgefühlen. Wenn die eigenen Kinder es tatsächlich besser haben sollen, dann wird von ihnen natürlich auch mehr Dankbarkeit für diese besondere Mühe der Eltern erwartet.

Das Kind kennt aber diesen Erwartungszusammenhang nicht und nimmt die größeren Vorteile als Selbstverständlichkeit hin, während viele Eltern unbewußt fortlaufend vergleichen, wieviel mehr Möglichkeiten die eigenen Kinder haben, die ihnen selbst in der Kindheit verwehrt wurden. Daraus entsteht der begreifliche elterliche Anspruch, daß nun aber auch am Ende mehr herauskommen müsse – ein Irrtum, der meist zu spät erkannt wird, wenn sich erweist, daß die vermeintliche Verbesserung im Umgang mit dem Kinde weitgehend aus Verwöhnung oder geheimen Bestechungsversuchen bestand, weil die Eltern selbst gerne mehr von der Liebe empfangen möchten, die sie als Kinder vermißten.

Nicht nur im Zusammenhang mit der ersten Lebensstufe und der Entwicklung des Kindes stellt sich schon hier die Kernfrage, was wirkliche Liebe denn sei. Jede Stufe des Lebens wird eine andere Antwort darauf finden, jedoch werden wir als übergreifenden Grundsatz erkennen müssen, daß Liebe weitgehend dem anderen dient, nicht der Befriedigung eigener Bedürfnisse. Die grobe Verkennung dieses Grundsatzes führt leicht zu der Annahme, daß Liebe stets zu geben und nie zu verweigern hätte – ein Grundirrtum, aus dem die dem Kinde für die weitere Lebensentwicklung so schädliche Verwöhnung hervorgeht. Als Gegensatz der Liebe wird häufig Haß genannt, obwohl das unrichtig ist. Haß entsteht aus enttäuschter Liebe, die weiterhin erhofft und ersehnt wird. Der wirkliche Gegensatz der Liebe ist Gleichgültigkeit, die jede Liebe unmöglich macht. Gleichgültigkeit gegenüber den wichtigen und bedeutsamen Erlebnissen und Erfahrungen des Kindes auf der ersten Lebensstufe führt zu zerstörerischen Konsequenzen, wenn sie zur kollektiven Haltung einzelner Gruppen oder ganzer Gesellschaften wird, die sich auf diese Weise den eigenen Untergang bereiten. Darum läßt sich die jeweilige Reifungsstufe einer Gesellschaft als Ganzes auch weitgehend daran ablesen, welche Einstellung sie gegenüber den heranwachsenden Kindern und der Mühsal der Elternschaft als Entwicklungsstufe hat. Unsere Sozialsysteme beruhen bislang auf dem Prinzip der Generationsfolge. Die Mehrheit der in die Erwachsenenwelt Hineinwachsenden muß die Lasten der alternden Gesellschaftsmitglieder tragen. Wieweit Alter Achtung erfährt, friedvollen Rückblick und bescheidene Weisheit ermöglicht, hängt paradoxerweise davon ab, wie Kinder in den ersten Lebensstufen von der Mehrheit der reifen Erwachsenen behandelt werden. Die Zukunft formt sich keineswegs aus der Gegenwart, sondern sie wird durch die Vergangenheit bestimmt. Je mehr die ersten Entwicklungsstufen des Kindes durch die Eigensucht oder Überansprüchlichkeit und den Entwicklungsmangel der für das Kind Verantwortlichen behindert oder gestört wird, desto weniger ist zu erwarten, daß dreißig bis vierzig Jahre später diese Kinder als Erwachsene jene Lebensstufe erreichen können, die es ermöglichen würde, persönliche und soziale Verantwortung zu übernehmen, um im Interesse der Erhaltung und Entwicklung eines Ganzen die alternden Generationen zu tragen. Obwohl wir bislang, zumindest öffentlich, wenig darüber nachgedacht haben, wird es in der Zukunft notwendig sein, Zwischenstufen der Entwicklung für breite Volksschichten zu finden, die eine Möglichkeit bieten, Nachholbedürfnisse zu befriedigen und Korrekturen der ursprünglichen Lebenseinstellung vorzunehmen. Solche Notwendigkeit zum Nachholen versäumter oder verhinderter Entwicklungsschritte liegt keineswegs nur im cognitiv-intellektuellen Bereich, sondern weit mehr im emotionalen Erlebnis- und Erfahrungsraum. Gefühle haben dabei eine größere Bedeutung als reine Wissensvermittlung. Das stellt uns vor die größere Frage, wie weit und auf welchen Lebensstufen die Entwicklung der scheinbar gegensätzlichen Fähigkeiten, zu denken oder zu fühlen, Bedeutung für die Überwindung der zeitgenössischen Spaltung von Wissen und Sein hat. Wir müssen uns dabei stets vergegenwärtigen, daß alle Erlebnisse der Kindheit in der inneren Gedächtnisbank unverändert erhalten bleiben.

ZWISCHEN DEN GENERATIONEN

Vom Portal einer der vielen Schulen, die ich besuchte, mahnte die gemeißelte Inschrift: »Non scholae sed vitae discimus!« – Nicht für die Schule, sondern für das Leben lernen wir. Dies schien eine optimistisch anmutende Vorstellung von Bildung als Machtdemonstration. In den Jahren der Reifeentwicklung erlebte ich vielfach die Versuchung, diesen Spruch umzukehren, bis schließlich einer meiner Altersgenossen es tatsächlich wagte, im Protest an die Tafel zu schreiben: »Non vitae sed scholae discimus!« – also umgekehrt: Nicht für das Leben, sondern für die Schule lernen wir.

Was lernen wir wirklich in der Schule – einer Lebensstrecke, die je nach Bildungsweg heute einen Zeitraum von acht bis zwölf Jahren und mehr umfaßt? Wollte man allein die biologisch autonomen körperlichen Veränderungsprozesse erfassen, die sich auf dieser Lebensstufe abspielen, so würde die Komplexität von unweigerlich ineinander verwobenen seelischen und körperlichen Entwicklungsprozessen uns am eindrucksvollsten über die Bedeutung dieser Jahre belehren.

Aber ein entscheidender Schritt in der Sozialentwicklung des einzelnen beginnt viel früher. Die erste kritische Übergangsstufe von der Primärgruppe, der Familie, ist der Schritt in den Kindergarten im Vorschulalter. Die moderne Kleinfamilie verweist die meisten Kinder in eine psychologische Abhängigkeit von nur wenigen Personen. Großeltern und Verwandte sind oft zu weit entfernt, um Kindern auf die Dauer wirksame Identifizierungsmöglichkeiten zu vermitteln. Das macht die Überwindung der frühesten sexuellen und aggressiven Impulse schwieriger und prägt zugleich Einseitigkeiten, die durch Mangel an Auswahl entstehen. Wir wissen heute noch nicht, in welchem Ausmaß diese Einengung des Kindes auf die Eltern und wenige andere Erwachsene mit dazu beiträgt, daß sich neurotische Entwicklungen einfach

deshalb verstärken, weil viele Eltern unbewußt Verhaltensweisen ihrer eigenen Eltern gegenüber Kindern wiederholen.
Sicher ist, daß jedes heranwachsende Kind von früh auf in
seinen Eltern all diejenigen Probleme und Gefühle wieder
aufrührt, die sie in ihrem Verhältnis zu den eigenen Eltern
nicht lösen konnten.

Im Grunde sind Großeltern für Kinder deshalb eine so
wichtige Informationsquelle, weil sie als einzige verläßliche
Auskunft darüber geben können, wie sich die Eltern verhiel-
ten, als sie noch Kinder waren. Dieser Übergang von der
engeren Welt der Primärfamilie zur erweiterten Familie fehlt
heute in weiten Bevölkerungskreisen, da Großeltern meist
nur noch die Rolle gelegentlicher Besucher oder vorübergehender Stellvertreter spielen. Deshalb ist das Kind zunächst auf jene Identifizierungsmöglichkeiten und Selbst-
erprobungen angewiesen, die es auf Spielplätzen, in
Vorgärten oder auf der Straße antrifft. Sehr besorgt um die
Entwicklung der Kinder scheinen die meisten Industriegesellschaften, beherrscht von der Gewinnmoral, nicht zu
sein. Vielmehr sind Kinder weitgehend einem Selbsterfah-
rungsprozeß im Rahmen von altersverschiedenen Kinder-
gruppen überlassen, was um so schwieriger wird, wenn beide
Eltern berufstätig sind und die Betriebe keinerlei Schutz und
Betreuungsmöglichkeiten für kleinere Kinder berufstätiger
Mütter bieten.

Das Realitätsinteresse jedes Kindes hat etwa im Alter
von vier bis sechs Jahren eine Stufe erreicht, in der Nach-
ahmungswünsche und Rollenerprobung im Vordergrund
stehen. Die stufenweise Ablösung des Kindes beginnt bereits
mit der selbständigen Nahrungsaufnahme. Sie erweitert sich
vom Krabbelalter zum Laufenlernen, obgleich das Kind
weitgehend noch im Bereich der Mutter oder Pflegeperson
bleibt und zu ihr zurückflieht, sobald Unbekanntes als Drohung und Gefahr erlebt wird. Diese Kindheitserfahrung

bestätigt sich unbewußt im Vorurteil vieler Erwachsener gegen Fremde, die leicht als gefährliche Feinde erlebt werden – ähnlich wie unbekannte Speisen oder andere Kulturgewohnheiten oft zunächst Ablehnung hervorrufen. »Der Mensch ist ein Gewohnheitstier« bestätigt sich als volkstümlicher Spruch darin, daß unsere vom Triebleben bestimmten Einstellungen beharrlich sind, weil jede Veränderung ein Ungleichgewicht hervorruft. Sobald wir Fremdem und Neuem begegnen, sind wir gezwungen, andere Wege der Triebbefriedigung zu finden, zugleich aber auch einen Teil unseres zuvor bestehenden Selbstverständnisses zu korrigieren. Nicht anders ergeht es dem Kind, wenn es seinen Erlebnisbereich erweitert, so etwa in der größeren Entfernung vom Haus bis zum nächsten Block, oder wenn es zum ersten Mal das Elternhaus verläßt, die Mutter freigeben muß und einen halben oder ganzen Tag unter Aufsicht in einer Gruppe fremder Kinder verbringt. Der Zwiespalt zwischen aktivem Ablösungswunsch, Neugier und Entdeckungsfreude auf der einen und Ablösungsangst, Fremdheitsfurcht und Flucht nach rückwärts auf der anderen Seite bleibt ein Grundelement im unbewußten Leben des Erwachsenen, sobald er seine Zugehörigkeitsgruppe wechselt.

Wir dürfen nicht übersehen, daß sich in allen späteren Lernprozessen, wie etwa beim Ortswechsel, Beförderungen oder Wechsel in einen anderen Betrieb oder gar bei einem Berufswechsel auf der Gefühlsebene ganz ähnliche Prozesse wiederholen, die leider für die meisten Erwachsenen fast völlig unbewußt bleiben. Wir lernen als Kinder zuerst, eine gewohnte Umgebung, die Sicherheit bekannter, voraussagbarer Beziehungen aufzugeben, um in einer neuen Gruppierung – zunächst Kindergarten und Grundschule – zu erproben, ob wir dort die gleiche Art der Beziehung herstellen können, an die wir gewöhnt sind, oder uns ändern müssen.

Kinder erkämpfen sich, je nach Status und Erfahrung im

Elternhaus, ihren Platz in der Gruppe der eigenen Alters-genossen entweder dadurch, daß sie ihre Umgebung ver-ändern und zu beherrschen versuchen – notfalls mit körper-licher Gewalt oder Androhungen – oder indem sie sich dem Führungsanspruch anderer unterwerfen und sich selbst ver-ändern und anpassen. Das wird um so schwieriger sein, wenn etwa ein Kind volle Aufmerksamkeit, Achtung und das Recht zur Selbständigkeit von seinen Eltern erfuhr, während es dann auf andere Kinder trifft, die in einer Atmosphäre des Faustrechts aufwuchsen und den Überlebensprinzipien des Asphalt-Dschungels folgen. Jeder Erzieher weiß, daß die Rangordnung der ersten Schuljahre sich keineswegs nach dem Intelligenzfaktor bemißt, sondern nach der körper-lichen Überlegenheit in Rangordnungskämpfen, die oft von vorgeschichtlichen oder mittelalterlichen Ordnungsprinzipien bestimmt sind. Dies ändert sich erst, wenn durch schulische Anforderungen Intelligenz zum größeren Vorteil wird. Die Austauschbündnisse zwischen körperlich kräftigen, aggres-siven Kindern mit körperlich schwächeren einer höheren Intelligenzstufe werden weitgehend von den Schulzensuren bestimmt. Dabei werden als Austauschprodukte die bessere Fähigkeit zur Lösung von Schulaufgaben gegen eine Art von loyalem Schutz und Bewachung ausgehandelt – ein Prinzip, das im Erwachsenenleben gleichen Ausdruck im Anheuern von Leibwächtern oder etwa in der Schutzerpressung durch Gangsterbanden findet. Genau wie in der Erwachsenenwelt ist das Kindersystem nicht frei von Erpressung oder Terror-drohungen. Vielmehr ist eher anzunehmen, daß Terrorismus primär in dieser Phase erlernt wird. Dabei wird der Lei-stungsdruck außer acht gelassen, der vom Kind oft als Terror von oben erlebt wird, weil die Schulforderungen in zuneh-mendem Umfang vergnügliche Möglichkeiten der Freizeit beschneiden. Je mehr Kinder im Rahmen falscher, moderner Ideologien aufwachsen, die jede Art von Lust als primäres Recht propagieren, desto enttäuschender wird die Erfahrung der Notwendigkeiten in der Realität. Als Abwehr gegen diese Realität entstehen dann Terror und Ausbeutung der Intelligenz unter Drohung oder Anspruch auf etwas, das nicht erworben wurde. So werden physisch Schwächere oft in der Kindheit schon zur Übernahme der Intelligenzfunktionen gezwungen, was sich in der Schule etwa durch Schummeln, Abschreibenlassen, Vorsagen und eben alle jene Tricks bemerkbar macht, die gleichzeitig dem offiziellen Moralbewußtsein widersprechen, jedoch die enge Zusammengehörigkeit gegen die Erwachsenenwelt bestärken. Mangels Schutz vor der rohen Gewaltandrohung der Stärkeren werden Intelligenz und Moral dabei oft so weit korrumpiert, daß bereits Kinder beginnen, mit doppeltem Maßstab zu messen.

Ein anderer Sozialfaktor, die Konkurrenzbemühung, wird ebenfalls auf dieser Altersstufe zunehmend erlernt. Wir halten es für selbstverständlich, daß unsere Kinder zur Konkurrenz angehalten werden, ohne dabei zu bedenken, daß Gewinn und Vorteil des einen nicht selten auf Kosten der Nachteile und des Verlustes anderer erreicht werden. Gewinnen oder verlieren ist deshalb eine wichtige Selbsterfahrung, die in Spielen aller Art erlernt werden muß. Wir haben auch als Erwachsene eine bestimmte Vorstellung von »gesunder Konkurrenz«, obgleich die Grenzen des Wettbewerbs schon in der Kindheit allzuleicht verschwimmen. Die Grundsätze der Erziehung sind in einzelnen Kulturen ganz verschieden. Während in der einen aus Gründen des späteren Zusammenlebens das Kind als erstes die sozialen Regeln des »Fair play«, nämlich Offenheit, Ehrlichkeit und Takt erlernt, werden Kinder in anderen Gesellschaften mit abstraktem Wissen gefüttert, *ohne* zuvor Regeln des Zusammenlebens erlernt zu haben. Das kann Auswirkungen bis in die akademische Karriere oder in das Berufsleben hinein haben.

Ich erinnere mich mit einem durchaus unangenehmen Gefühl daran, daß ein jüngerer Wissenschaftler und Anwärter auf eine Professorenstelle einem Mitbewerber dessen sämtliche Versuchstiere im Keller heimlich vergiftete und umbrachte, um dadurch den wissenschaftlichen Erfolg des Konkurrenten zu verhindern, den seinen jedoch zu fördern.

Die landläufige Unterscheidung zwischen gesunder Konkurrenz und krankhaftem Ehrgeiz umschreibt den wichtigsten Teil der inneren Entwicklungsprozesse dieser Lebensstufe: die Fähigkeit zur Wahrnehmung und Anerkennung anderer und zur Einsicht in eigene Begrenzungen.

Man kann nicht behaupten, daß unserem modernen Schulsystem eine harmonische Verbindung von intellektuellem und emotionalem Lernen geglückt sei. Vielmehr werden Gefühle und Charaktererziehung weitgehend zugunsten eines Stoffplans vernachlässigt, der es Kindern und Jugendlichen selbst überläßt, auf welche Weise sie die in diesen Jahren heftigen und leidenschaftlichen Gefühle des Neides, der Eifersucht, der Mißgunst, der Angst vor dem Zukurzkommen, die Größenphantasien und die fortdauernde Sehnsucht nach Anerkennung und Sichangenommen-Fühlen bewältigen – völlig zu schweigen von den dunklen, erotisch gefärbten ersten Gefühlen der Zuneigung und Liebe, deren Bewältigung dem Jugendlichen selbst überlassen bleibt.

Im Gegensatz zur Erziehungsauffassung früherer Epochen, die dem Kinde Freude am Lernen, Offenheit und Neugier für die Welt nahezubringen versuchte, geht die Tendenz heute eher dahin, die andersgeartete Lernwilligkeit des Kindes in das bürokratische Korsett der am Grünen Tisch erdachten Lehrpläne und Zwecke zu pressen und damit das natürliche Interesse an einer Realität voller kleiner Wunder systematisch zu zerstören. Aus dem Erzieher und Lehrer wird heute ein Erfüller von Lehrplänen, der ohne ausreichende Kenntnisse der wirklichen Psychologie des Kindes dessen Lernbereitschaft eher ermüdet statt sie zu beflügeln. Kritisch müßten wir uns fragen, ob die Schule in ihrer heutigen Form wirklich Lebenserfahrung lehrt oder durch zu frühe Abstraktion von der bestehenden Erlebnisfähigkeit des Kindes wegführt und diese einebnet. Natürlich gilt für Lehrer in noch höherem Maße die gleiche Regel wie für Eltern, daß jedes heranwachsende Kind im Lehrer die eigenen, verdrängten Konfliktinhalte seiner Kindheit und Schulzeit aufrührt. Nur die Erkenntnis dieser Tatsache könnte die gelegentliche Überempfindlichkeit von Erziehern gegen bestimmte Kinder und deren Verhalten erklären. Das Ausbildungssystem des Lehrers erzieht ihn jedoch auch heute noch nicht ausreichend zur Anwendung der wichtigsten erzieherischen Werkzeuge, nämlich Einfühlung und Introspektion. Ein kurzer Blick nach innen würde manchem Erzieher sofort verraten, daß er an einem bestimmten Schüler gerade jene Seiten des eigenen Wesens bekämpft, die er an sich selbst nicht ausstehen kann, deren Existenz er jedoch für sich selbst verleugnet. Diese innere Verflochtenheit macht es so schwierig, zu erkennen, welche Lernprozesse auf dieser Schul- und Reifungsstufe tatsächlich vom Kind und Heranwachsenden bewältigt werden, denn es sind nicht die Worte oder der zu erlernende Inhalt allein, die den Reifungsprozeß fördern, behindern oder in falsche Bahnen lenken, sondern die inneren Haltungen, Einstellungen und Charakterzüge der Erzieher, die sich dem Schüler einprägen. Das erweisen vor allem Untersuchungen über Schulerinnerungen von Erwachsenen der mittleren Altersgruppe. Während Lerninhalte nur selten präzise erinnert werden konnten, wurden bestimmte Szenen, Aussprüche und Verhaltensweisen von Lehrern in vielen Einzelheiten erinnert, entweder als Beispiele einer plötzlichen, bleibenden und prägenden Einsicht oder als Begründung einer fortbestehenden, oft später auf andere, ähnliche Gestalten und Situationen übertragenen gefühlsmäßigen Ablehnung. Letztere Erinnerungen bezogen sich überwiegend auf Herabsetzungen, Kränkungen des Selbstwertgefühls und peinlich-hilfloses Ausgeliefertsein an die beherrschende Autorität des Lehrers.

Freilich hat jeder Erzieher täglich umgekehrt mit der Fülle all jener Übertragungen von negativen Gefühlen seiner Schüler zu kämpfen, die eigentlich den elterlichen Autoritäten gelten, während die Übertragung von positiven Anlehnungsgefühlen seltener ist. Sicher gibt es psychologische und unbewußte Motive in Kindern und Schülern, die später erzieherische Berufe ergreifen. Der Zusammenhang ist, außer durch Szondi, bisher wenig überprüft, obwohl wir wissen, daß viele Kinder früh das Schule-Spiel sowohl zur Bewältigung von Autoritätsängsten als auch zur Erprobung der eigenen Macht und der Unterwerfungsbereitschaft anderer Kinder benutzen.

Blicken wir einen Augenblick zurück auf die vorausgehende Lebensstufe der frühen Kindheit, so müssen wir mit aller Vorläufigkeit die Forschungsergebnisse von Benjamin Bloom bestätigen, daß bestimmte Grunderfahrungen des Lebens in den ersten drei Lebensjahren erlernt und danach bis zum Schulalter nur noch verfeinert werden. Dazu gehört als erstes die Fähigkeit, vertrauend von anderen etwas anzunehmen und ebenso im Vertrauen zurückgeben zu können. Die Lebensstufe wird verfehlt, wenn sich statt dessen Mißtrauen ausbildet mit der Konsequenz, daß weder etwas unbefangen von anderen angenommen noch ohne Hintergedanken zurückgegeben werden kann. Die Ursache liegt nicht im Kinde, sondern in einer mißglückten, entgleisten Beziehung, die es unmöglich macht, Grundvertrauen zu entwickeln. Was immer auch die besonderen Umstände gewesen sein mögen, der Nachholbedarf und die Korrekturnotwendigkeit bleiben bestehen, wenn sich die negative Erfahrung nicht auf jeder neuen Lebensstufe mit zunehmend bedenklicher werdenden Konsequenzen verfestigen und verhärten soll.

Weiterhin, als Vorläufer später sich abwandelnder Machterlebnisse, wurde in der frühen Kindheit die Fähigkeit erlernt, etwas festzuhalten und für sich zu behalten oder herzugeben, wobei Gefühle des Stolzes und der Selbständigkeit sich mit Angst vor Verlust, Zweifel am eigenen Handeln und Gefühlen der Scham und Verlegenheit aus Furcht vor Versagen verbinden, ohne voll vom kindlichen Bewußtsein verarbeitet werden zu können. Gefühle der Ohnmacht und Unterlegenheit können sowohl Überlegenheits- und Größenphantasien wie Allmachtswünsche, aber auch überhöhte Minderwertigkeitsgefühle fördern. Kindergarten und Schulbeginn verstärken das Interesse an der Wirklichkeit, das in allerlei Nachahmungs- und Rollenspielen genauso zum Ausdruck kommt wie in einer kaum zu befriedigenden aktiven Neugier. Die Aktivität solcher Initiativen, des Allen-Dingennachgehen-Wollens, verbindet sich vor allem dann mit ersten Schuldgefühlen, wenn sich die Neugier auf sexuelle Entdeckungen und auf die Übertretung anderer Gebote bezieht, zu denen der Entdeckungsdrang verleitet.

Entscheidendes Element des Schulübergangs ist jedoch die Entwicklung der Fähigkeit, mit Ausdauer und Fleiß bestimmte, zunächst meist technische Aufgaben, wie etwa Baukasten- und andere Zusammensetzspiele, zu vollenden und Gegenstände wie Gedanken, Einsichten und Wirklichkeitsbezüge in der richtigen Weise einander zuzuordnen. Das verbindet sich immer wieder mit dem fatalen Gefühl des Nicht-Könnens und dem verbleibenden Rest kindlicher Unterlegenheit und Minderwertigkeitsgefühlen. Letztere sind um so stärker, je mehr das Kind von seiner Umgebung herabgesetzt, entmutigt und der Unfähigkeit beschuldigt wurde, zum Beispiel weil die Erwartungen der Eltern zu hoch geschraubt waren.

Der Begriff der Identität wird heute als abstraktes Schlagwort allzu oft gebraucht, ohne daß sich damit immer klare Vorstellungen verbinden, was eigentlich gemeint ist. Jeder Mensch erfährt sich selbst schon sehr früh in der Beziehung zu den Eltern und der näheren Umgebung auf eine ganz bestimmte Weise. Da dem Kind oft noch keine volle Unterscheidungsfähigkeit zwischen Ich und Nicht-Ich möglich ist, weil diese Ich-Grenzen noch unscharf sind und Kinder oft zu lange mit dem Vornamen statt mit »Du« angesprochen werden, bleiben die Grenzen lange unsicher. Letzteres hat zur Folge, daß die Selbstwahrnehmung des Kindes sich zunächst auf dieses »Es« beschränkt – das Kind mit seinem Vor- oder Kosenamen, wie es sich in den Signalen der Erwachsenen spiegelt. Dies ist die Identität, die das Kind ursprünglich erlebt, nämlich wie es von den Eltern gesehen wird.

Das Kindergartenerlebnis und fortlaufend dann die Schulerfahrung ermöglichen zahlreiche neue Vergleiche mit Gleichaltrigen und deren völlig verschiedenen oder gleichartigen Verhaltensweisen. Mit dem gleichen Verhalten eines anderen können wir uns identifizieren, er ist eine direkte oder indirekte Bestätigung der Richtigkeit des eigenen Selbst. Andersartiges Verhalten dagegen ruft entweder Ablehnung hervor: »Der ist nicht so wie ich« oder Nachahmungswunsch und Lernbedürfnis: »Der ist so, wie ich sein möchte.« Daher kommt es in den vielerlei Identifizierungsangeboten der Schulumgebung zu neuen Teil-Identifizierungen, die sowohl vorübergehend wie bleibend sein können, je nach Stärke der Gefühlsbesetzung. Das erklärt die Neigung zu uniformem Verhalten von Schulkindern genauso wie deren Gegenteil, nämlich den Wunsch, durch Anderssein aus der bestehenden Gleichheit herausragen zu wollen. Die Neigung zu nur vorübergehenden Teil-Identifizierungen erklärt auch die Wechselhaftigkeit und häufige Sprunghaftigkeit einander widersprechender Verhaltensweisen, die in schneller Folge auftreten können. Auf dieser Lebensstufe befindet sich jeder auf der Suche nach einer zunächst kindlichen Identität, die ihn einerseits nicht allzusehr von der jeweiligen Zugehörigkeitsgruppe unterscheidet, ihm andererseits aber doch genügend Möglichkeiten der Unterscheidung läßt, die einen Teil seiner Einmaligkeit bestätigen. Es wird hier im Leben der Schulgruppe zum erstenmal erfahren, daß bestimmte Persönlichkeits-Eigenschaften und Fähigkeiten von der Gesamtgruppe dazu benutzt werden, um ein Kind in eine bestimmte Rolle hineinzuschieben. Ähnliches erfolgt später in Erwachsenengruppen, die dem gleichen Prinzip folgen.

In diesem Zusammenhang ein Seitenblick auf die Schlagworte verschiedener Jahrgänge: In den sechziger Jahren hieß es: »Trau keinem über dreißig.« Die Erfinder dieser Parole des Mißtrauens – hungrige Kleinkinder der Nachkriegsepoche mit Grundmißtrauen – haben inzwischen die Dreißig erreicht und sich in der eigenen Parole gefangen, so verständlich diese als Ergebnis der eigenen Kindheitserfahrung gewesen sein mag. Die neue Jugendparole lautet: »Get your head together« – im Deutschen: »Krieg deinen Kram zusammen!« Es ist eben diese Bemühung, die unzusammenhängenden Dinge richtig zusammenzukriegen, von der diese Lebensstufe in der Angst vor einem Mangel an Identität gekennzeichnet ist. Das wird um so schwieriger, je mehr die Beziehungen zu Menschen und Dingen aufgesplittert und ohne verläßlichen Gleichlauf sind. Sowohl Kontinuität wie verbindlich-bleibende Objektbeziehungen fehlen unserer modernen Welt weitgehend. Vielmehr sind die meisten Gefühlsbeziehungen gebrochen, fragmentiert zu flüchtigen Teilbeziehungen, während Historiker und Psychologen bereits von einer Epoche der Diskontinuität, der ständigen Unterbrechungen und Unvorhersehbarkeiten reden.

Es handelt sich also bei dem neuen Jugendschlagwort in Wirklichkeit um einen Überrest der Pubertätsstufe, auf der man darum kämpft, alles richtig zusammenzukriegen. Die Entscheidung, was als eigene Identität anzuerkennen und abzulehnen ist, wird vor allem deshalb immer schwieriger für den Jugendlichen, weil eine zunehmende, schwer zu bestimmende Fülle der Wahlmöglichkeiten unterschiedslos angeboten wird, während sich bleibende Vorbilder und Wertvorstellungen verringern. Die Folge ist die Zunahme einer diffusen Unbestimmtheit und Ungewißheit, die vor allem darin zum Ausdruck kommt, daß man alles sein könnte und möchte. Alles sein können bedeutet aber zugleich auch nichts sein, solange die Unbestimmtheit der Wahlmöglichkeiten keinen Entschluß fördert, sich für *einen* Inhalt oder bestimmte Formen zu entscheiden, die durch Tätigkeit und Erleben das klare Bewußtsein des Ich-selbst-Seins ermöglichen. Die Fähigkeit, ich selbst zu sein, als eine unverwechselbare Identität, führt zum nächsten Schritt, nämlich dieses Ich-selbst-Sein mit anderen zu teilen und sich selbst mitzuteilen. Die schmerzliche Erfahrung dieser Lebensstufe ist die Unfähigkeit, selbst sein zu können und sich dauernd ängstlich nach anderen richten zu müssen, dabei zunehmend an eigener Gestalt und Sicherheit verlierend.

Auf der vorausgehenden Lebensstufe versuchen wir zu ergründen, was diese Welt ist und was ihre Zusammenhänge für uns bedeuten. Mitten im intellektuellen Lernprozeß der Schule überfällt den Jugendlichen jedoch in der Beunruhigung der Geschlechtsreife und den damit verbundenen Verwirrungen erhöhten Triebdranges die neue Frage: »Wer bin ich?« Diese Frage ist auf die Identität gerichtet, wobei es müßig scheint, zu fragen, was zuerst da ist, die körperliche Reifeentwicklung oder der seelische Zweifel an der eigenen Existenz. Einem blitzgescheiten fünfzehnjährigen Mädchen verdanke ich eine schlaue und witzige Antwort auf die beliebte Frage, was wohl zuerst dagewesen sei, die Henne oder das Ei. Ihre prompte Antwort: »Natürlich der Bauernhof!« Als Symbol dieser Lebensstufe ist die Antwort völlig korrekt. Es interessiert keinen Jugendlichen, ob seine Unrast und Unsicherheit durch seine Geschlechtsreifung ausgelöst wird oder sein Wachstum durch seine sexuellen Phantasien. Beides ist da, und erfunden haben es diejenigen, die ihn mit Hilfe derselben Sexualität zur Welt brachten. Aber was seine

Rolle auf diesem Bauernhof sein wird, was seine Zukunft in dieser immer schon *vor* Henne und Ei vorhandenen historischen Umwelt sein wird – das interessiert ihn mehr als alles andere. Die Geschlechtlichkeit wächst ihm genauso zu wie seinen Eltern, sie geschieht ihm. Wichtig ist nur, was er damit anfangen soll, und hier beginnen die Schwierigkeiten, nicht etwa wegen elterlicher oder obrigkeitlicher Gebote und Verbote, sondern weil Intimität erst erlernt werden muß; sie ist nicht angeboren und sie löst Ängste aus.

Die Geschlechtswütigkeit mancher moderner Adoleszenten darf nicht über die Angst hinwegtäuschen, die durch pseudo-aktive Flucht nach vorn überwunden werden soll, wie manche spät-adoleszenten, militanten Sexualerzieher meinen. Es ist die Angst, sich selbst zu verlieren, und die Furcht, sich selbst nicht hergeben zu können, die zunächst, auch über die Adoleszenz hinaus, die Beziehungen der Geschlechter zueinander und damit das Erlebnis der eigenen Geschlechtsreife bestimmt. Von Reife wird man außer im biologischen Sinn der möglichen Fruchtbarkeit im˙ Stadium des Heranwachsenden kaum sprechen können, da die seelisch-geistige Bewältigung der körperlichen Veränderungen durch Wachstum und Hormonproduktion geraume Zeit in Anspruch nimmt. Vielmehr dient diese Lebensstufe auf einer höheren Ebene erneut der Erprobung und dem Experimentieren mit jäh wechselnden Haltungen, Einstellungen und Ideen, denen keine Dauer beschieden ist. Nur selten sind Eltern und Erzieher in der glücklichen Lage, Gleichmäßigkeit, Ausdauer und klare Richtung der Entwicklung erwarten zu können. Vielmehr ist es ein oft leidvoller Prozeß, weil auf beiden Seiten der Übergangscharakter dieser Lebensstufe und die Notwendigkeit der Ablösung voneinander zu wenig begriffen werden. Dabei wäre es einfach, zu verstehen, daß die Bedrängnis durch die erwachende Sexualität jene Kinderträume jäh ausschließt, in denen sich der Knabe vielleicht als ritterlicher Kavalier und besserer Liebhaber der Mutter an deren

Seite träumte oder das kleine Mädchen das Wunder eines Babys erwartete, durch das es in besserer Weise als die Mutter mit dem Vater verbunden sein könnte. Obwohl die meisten Adoleszenten aus diesem Grunde den Gedanken weit von sich weisen, daß ihre Eltern etwa noch geschlechtliche Beziehungen hätten, weil sie angeblich dazu längst viel zu alt seien, sind sie unbewußt beunruhigt über jede zu große Nähe, die alte, kindliche, aber nun sexuell gefärbte Anlehnungswünsche wieder aufrühren könnte. Freilich gibt es auch Väter, die, beunruhigt durch die erkennbare Weiblichkeit der heranwachsenden Tochter, sich aus Angst vor eigener sexueller Erregung plötzlich abwenden oder aus Selbstschutz den barschen Popanz spielen, ohne daran zu denken, wie sehr dies zu Enttäuschung und dem bleibenden Minderwertigkeitsgefühl der Tochter führen könnte, die daraus entnimmt, daß sie für Männer nicht liebenswert genug sei. Ähnlich wirkt es, wenn der Vater in Verkennung der eigenen Situation plötzlich größeres Interesse für die Schulfreundinnen der eigenen Töchter entwickelt.

Das sexuelle Sicherheitsgefühl, das auf dieser Lebensstufe erworben werden muß, hängt weitgehend vom Verhalten beider Eltern ab. Einerseits kehrt ein Teil der alten Rivalitätshaltung gegenüber dem gleichgeschlechtlichen Elternteil zurück, die Ähnlichkeit mit dem ursprünglichen Gefühl des zweiten bis dritten Lebensjahres hat, während im Gegensatz zu früher zugleich heftige Abwehrbewegungen gegen den andersgeschlechtlichen Elternteil beginnen, die mitunter verborgene sexuelle Bedeutung haben. Ich erinnere mich an die genußvolle Äußerung einer Fünfzehnjährigen, die mir ahnungslos berichtete, welche besondere Freude es ihr bereite, ihren Vater »auf Neunzig« zu bringen! Die unbewußte Abwehr von Sexualität durch Aggression ist keineswegs ungewöhnlich auf dieser Lebensstufe. So sehr Eltern — je älter sie sind, desto mehr — über das scheinbar undankbare Verhalten ihrer Kinder enttäuscht sein mögen, desto weniger sollten sie vergessen, daß eben diese Kinder sich von ihnen ablösen und notfalls freikämpfen müssen, wenn sie fürchten, umklammert und gebunden zu werden. Vielfach herrscht jedoch noch die Vorstellung, Kinder hätten sich als dankbare Untertanen zu erweisen, die dazu da seien, die Leere oder Unerfülltheit der elterlichen Ehe zu überbrücken, deren Lebenskonflikte zu lösen oder deren Furcht vor dem Altern abzuwenden.

Meist verunglücken Kinder an dieser Lebensstufe, mit erheblichen Schäden oder Schwierigkeiten auf späteren Lebensstufen, vor allem deshalb, weil ihre Eltern den Problemen und Forderungen der eigenen Lebensstufe ausweichen. Die Sünden der Väter und Mütter reichen dabei bis ins dritte und vierte Glied. Ich erinnere mich an eine Mutter, die von ihren erwachsenen Töchtern forderte, daß sie Zug um Zug auf eine wöchentliche Briefkarte, die dem Inhalt nach belanglos war, regelmäßig zu antworten hätten. Ihre eigene Mutter hatte die gleiche Forderung gestellt, die sie jahrelang brav befolgt hatte, jedoch war es der Generation davor nicht anders ergangen, denn die alles regierende Großmutter hatte die gleiche Kontrolle bei ihren Töchtern ausgeübt, die sie gehorsam befolgten. Als schließlich in der vierten Generation die jüngste, emanzipierte Tochter dagegen rebellierte und in einen Korrespondenzstreik eintrat, wurde sie zunächst verstoßen, bis die Mutter das eigene Lebensproblem erkannt, gelöst und die Unsinnigkeit der sich ständig wiederholenden Forderung eingesehen hatte. Vier Generationen Wiederholungszwang, bevor eine Änderung wirksam wurde! Das Beispiel mag erhellen, warum es für Heranwachsende so schwierig ist, einen eigenen Lebensweg zu finden, ohne in bestimmte Bahnen gezwungen zu werden, denen bereits die Eltern folgen mußten.

Umgekehrt wird auch zunehmend deutlicher, in welchem Maße eine unechte Selbständigkeit von vielen Heranwachsenden vorgetäuscht wird, während sie mit der größten Selbstverständlichkeit wie Kleinkinder ohne jede Gegenleistung von ihren Eltern immer mehr fordern. In welchem Ausmaß diese Verwöhnungstendenz, zuungunsten der Eltern, selbst durch staatliche Instanzen gefördert wird, erweist die Absurdität jener Fälle, in denen Dreißigjährige Studienförderung von ihren ärmeren Eltern einklagen, während sie in kindlicher Abhängigkeit deren Zuschüsse verbrauchen, dabei aber Selbständigkeit heucheln, ohne in der Lage zu sein, die Voraussetzungen des eigenen Lebens und der Altersstufe zu erfüllen. Die gleichzeitig wortstark vorgetragenen Weltverbesserungsideen stehen dann in krassem Gegensatz zum tatsächlichen Verhalten, das nicht selten zu einer rücksichtslosen Ausbeutung der versiegenden elterlichen Arbeitskraft wird.

Die völlige Umkehrung der Werte zeigt sich vor allem in jenem mißverstandenen Schlagwort vom »Moratorium« – ursprünglich von Erik Erikson zur Kennzeichnung der in den Industriegesellschaften künstlich verlängerten Reifungsjahre eingeführt. Erikson vertrat die Auffassung, daß die Bedingungen der modernen, hochtechnisierten Gesellschaften eine längere Periode erfordern, in der auch noch den jungen Erwachsenen Versuch und Irrtum bis zur Erreichung einer inneren Identität erlaubt sein sollte. Tatsächlich hängt die verlängerte Reifungsperiode jedoch mit der Verdoppelung der Lebenserwartung seit dem letzten Jahrhundert zusammen, die zur Folge hat, daß jüngere Erwachsene so lange zurückgehalten werden müssen, bis die vorhandenen Arbeitsplätze von den vorausgehenden Generationen geräumt worden sind. Die erhöhte Jugendarbeitslosigkeit in den meisten Industriegesellschaften, nicht zuletzt auch ausgelöst durch den Geburtenüberschuß der Nachkriegsjahre, ist lediglich ein Symptom der Entwicklungsverzögerung auf der Stufe der Heranwachsenden, deren Auswirkungen noch schwer zu übersehen sind. Der Rückfall und Rückschritt auf frühere, unreifere und dranghaftere Lebensstufen ist ebenso wahrscheinlich wie die erhöhte Neigung zu Resignation und Depression oder zu gewaltsamer Rebellion.

Wiederum wird die Abhängigkeit der einzelnen Lebensstufen vom Fortschreiten der vorausgehenden Generationen in der Bewältigung *ihrer* jeweiligen Lebens- und Reifungskonflikte erkennbar, zugleich aber auch der Einfluß sozialer und politischer Entscheidungen, die nicht weniger vom Lebensgefühl, der Lebensreife und der Verantwortungsbereitschaft derer abhängen, die solche Entscheidungen bestimmen oder beeinflussen. In einem viel weiteren Umfange wäre daher zu fragen: Wie haben die Jahrgänge der heute über Sechzigjährigen die Lebensstufe der eigenen Adoleszenz im Übergang zum jungen Erwachsenen erlebt und wie unterschiedlich war die Erfahrung der zehn oder zwanzig Jahre später Geborenen? Aber auch: Wie weit sind die fünfzig- bis sechzigjährigen Politiker und Meinungsmacher, die dreißig- bis vierzigjährigen Aktiven in Industrie, Wirtschaft, Politik und Kirche in ihren eigenen Lebensentwicklungen gekommen? Wo halten sie sich fest? Welche Reste eigener Kindheitsängste und -wünsche bestimmen ihr Handeln? Diese Fragen sind zu unbequem, um Gehör zu finden im Gedränge des Marktes, auf dem jeder nach seinem Wurstzipfel hascht, in der Angst, zu kurz zu kommen.

Kehren wir jedoch zu der Ursprungsfrage dieser Lebensstufe zurück: Lernen wir für das Leben oder für die Schule? Oder anders gefragt: Bereitet die Schule wirklich auf jene Entwicklungsprozesse des Lebens vor, von denen die Zukunft der Menschlichkeit abhängt, oder erlauben wir, daß zukünftige Generationen Computerwissen speichern, ohne je zu lernen, mit den eigenen Gefühlen und denen anderer menschlich umzugehen? Das ist die wirkliche Frage, der sich der junge Erwachsene gegenübersieht, denn welchen Beruf er auch immer ergreift, die Mehrzahl aller Tätigkeiten,

Arbeitswelt und Privatleben, bringt ihn mit Menschen zusammen, mit denen er auf humane Weise umzugehen lernen muß. Die größte Furcht aller Menschen im täglichen Leben, in der Liebe und in jeder mitmenschlichen Beziehung ist es jedoch, zurückgewiesen, abgelehnt und einsam zu sein. Die Hoffnung fast aller Menschen gründet sich darauf, sich angenommen zu fühlen, anerkannt und geliebt zu werden. So verzwickt soziale, politische und wirtschaftliche Probleme sein mögen, sie sind unlösbar verbunden mit diesen Grundlebenserwartungen jedes Menschen. Je weniger wir in der Lage sind, dem heranwachsenden Kind und Jugendlichen jene Zuwendung und Sorge zu geben, die es ihm ermöglichen, die wichtige Lebensstufe der Erwachsenenreife zu erreichen, desto wahrscheinlicher bestimmen wir das Elend der eigenen Zukunft. Diese Zukunft ist unteilbar zwischen den lebenden Generationen. Keine Folgegeneration kann den entscheidenden Lebensabschnitt der eigenen Altersstufe bewältigen, solange die Vorausgehenden die Erfüllung der Bedingungen ihrer jeweiligen Lebensstufe verweigern. Daran ändert weder Rückzug in beschauliche Philosophie noch Flucht in Sozialutopie etwas. Menschen sind verschieden – nicht gleich. Das Erreichte hängt nicht vom Gewinn, Verlust oder Bruttosozialprodukt ab, sondern von den Maßstäben des Menschlichen, die wir als Grundsatz des Lebensablaufes selbst bestimmen. Die steigende Selbstmordziffer der Adoleszenten und jungen Erwachsenen ist eine bittere Botschaft, deren Inhalt wir zu verleugnen trachten. Jeder Jugendliche weiß, daß der endgültige Abschied von der Kindheit ein schmerzliches Absterben von Unwiederbringlichem bedeutet. Dieser Verlust wird ihm nur dann erträglich sein, wenn er sich mit der Hoffnung auf einen neuen Lebensabschnitt verbindet, der verheißungsvoll genug erscheint. An solchen Verheißungen scheint es zu mangeln, solange unser Sinn überwiegend sich auf immer größere Lust und zweifelhafte Gewinne richtet.

VOR DER
ENTSCHEIDUNG

Der Übergang vom Ende der Reifejahre zur Lebensstufe des jungen Erwachsenen wird von völlig verschiedenen sozialen Umständen bestimmt. Obwohl in manchen Ländern ein zweiter Bildungsweg für alle offensteht, die aufgrund sozialer Bedingungen oder einer früheren Berufsentscheidung zu früh festgelegt waren, bleibt der Prozentsatz, der von diesen Möglichkeiten Gebrauch macht, immer noch erstaunlich gering. Das hat viele Gründe. Einmal, weil die Lebensbedingungen häufig nur ein Teilstudium neben weiterer Arbeit aus Verdienstgründen erfordern, zum zweiten aber auch oft, weil innerhalb der eigenen Sozial- oder Familiengruppe wenig Verständnis für den neuen Bildungsdrang besteht, sondern eher Widerstände und Zweifel von innen wie von außen diesen Weg unnötig erschweren.

Die Sozialschichtung trennt jedoch zwei Entwicklungen voneinander, von denen die eine zu Unrecht als »höhere« Bildung bezeichnet wird. Diese sprachlich-räumliche Unterscheidung von Bildung ruft unweigerlich ein ungutes Gefühl bei jedem hervor, der sich demnach einer »niedrigeren« Bildungsstufe zurechnen muß. Bildungsstufe und Lebensstufe stehen durchaus nicht immer im Einklang. Es gibt außerordentlich kindische und kindlich abhängige Akademiker höchsten Bildungsniveaus, die viel wissen, aber wenig sind. Und es gibt viele Landwirte, Arbeiter, Handwerker und Angehörige anderer Berufe, die nicht der höheren Bildungsstufe angehören, vielleicht weniger Sachwissen haben, aber dennoch in ihrer Existenz und ihrem Sein mehr Substanz aufweisen. Wir meinen hier wiederum den Unterschied zwischen Wissen und Sein, an dem sich der Grad der erreichten Lebensstufe messen läßt. Volkstümlich spricht man im Gegensatz zu Wissensbildung auch von Herzensbildung, und dieser Begriff kommt der Wirklichkeit recht nahe, sobald man als Maßstab menschliche Reife und nicht Sachwissen allein wertet.

Diese frühe Trennung zweier verschiedener Bildungs-
wege bewirkt jedoch mehr als nur den oft als schmerzlich
erlebten Unterschied von Wissen und Sein. Das scheinbar
Widersinnige besteht darin, daß den sogenannten Höher-
gebildeten bedrückt, wie weit das, was er tut und lebt, von all
dem entfernt ist, was er theoretisch besser weiß, während der
Volks- und Berufsschüler trotz all seiner vorzüglichen Fertig-
keiten und der Sicherheit im erlernten Handwerk oder Beruf
gelegentlich darunter leidet, daß er etwas nicht weiß, was er
glaubt wissen zu müssen, um mitreden zu können. Nun hat es
zu allen Zeiten Menschen gegeben, die ein größeres Interesse
und Fähigkeiten hatten, Dinge zu tun und mit Dingen umzugehen, und andere, deren überwiegendes Interesse darin bestand, dieses Tun zu beobachten und darüber nachzudenken.
Praktische und theoretische Begabung scheiden sich schon
früh – oft genug im Vorschulalter –, genauso wie der eine
es vorzieht, sein Leben auf den Umgang mit Dingen zu beschränken, während der andere mehr an Menschen und ein
dritter noch mehr an Ideen interessiert ist. Die Vielfalt dieser
auf soziale, psychologische und angeborene Strukturen zu-
rückzuführenden Begabungen bestimmt zugleich die beruflichen Variationsmöglichkeiten. Dabei wird oft vergessen,
daß alle Berufe innerhalb einer Gesellschaft gebraucht werden, sonst würden sie nicht existieren, obwohl in bestimmten
Abständen neue technische Erfindungen oder wirtschaftliche
Umschichtungen bestimmte Berufe aussterben lassen. Die
Schreiber des alten Rom und die Schreibkünstler, meist Mön-
che, des Mittelalters wurden abgelöst von den Setzern und
Buchdruckern, während die Setzerei heute durch neuere
Druckverfahren wieder abgelöst wird, die den Setzerberuf
mehr und mehr überflüssig machen. All diese Informations-
möglichkeiten werden aber vielleicht schon in wenigen Jahren
durch andere Techniken überholt sein. Dieser Wandel der
Möglichkeiten entsteht aus den verschiedenen Berufen selbst.
Bestimmte Berufe jedoch sind nur erlernbar durch schritt-
weises Einüben technischer Tätigkeiten, entweder im Um-

gang mit Maschinen, Werkzeug und Rohstoff oder durch die Beobachtung eines anderen, der diese jeweilige Tätigkeit ausübt, so daß man sie von ihm absehen und nachahmen kann. In der frühen Geschichte handwerklicher Berufe geschah das meist bereits in der Familie. Kinder beobachteten die Tätigkeiten der Eltern, des Vaters oder der handwerklichen Gesellen, erprobten sie selbst, wurden auf Fehler aufmerksam gemacht und führten schließlich die gleiche Tätigkeit aus.

Im Prinzip hat sich an diesem Lernen durch Identifizierung und Nachahmung nicht viel geändert, denn es findet sich genauso in handwerklichen wie in akademischen Berufen, wenngleich für die letzteren als Voraussetzung mehr theoretisches Wissen gefordert wird. Das Lehrer-Schüler-, Meister-Lehrling-, Mentor-Adepten-Verhältnis ist eine Grundfigur im Leben des jungen Erwachsenen, die er kaum vermeiden kann, da er in den meisten Berufen Ältere vorfindet, die ein Stück Erfahrung voraushaben, obgleich letzteres vielen Jüngeren manchmal schwer annehmbar erscheint. Was sich hier auf einer späteren Lebensstufe erneut abbildet, ist wiederum das Erlebnis der Durchgangsphase früherer Lebensstufen. Die Umkehr des trotzigen Kleinkindes, das den gleichgeschlechtlichen Elternteil als unliebsamen Rivalen zum Teufel wünscht, in Richtung einer Bewunderung und Nachahmung all der Fähigkeiten, die es selbst dann von diesem Elternteil erlernen will, ist der früheste Schritt zur Identifizierung. Er verläuft keineswegs immer so glatt, daß sich etwa Knaben nur mit den Fähigkeiten des Vaters und Mädchen nur mit denen der Mutter identifizieren, sondern von beiden Elternteilen werden in Teilidentifizierungen verschiedenste Fähigkeiten übernommen und ausgebildet, während andere Eigenschaften und Fähigkeiten zurückgewiesen werden. Jedenfalls würden Männer niemals kochen lernen und Frauen wüßten weder mit Schraubenziehern und Werkzeug etwas anzufangen noch könnten sie Chirurgin, Staatsanwältin oder

Pfarrer werden und andere sogenannte »männliche Berufe« ausüben, solange wir nicht verstehen, daß die geschlechtliche Unterscheidung keinen Unterschied hinsichtlich der Entwicklung der menschlichen Person bedeutet.

Dieses Verhältnis zwischen Lernenden und Lehrenden umspannt je nach Ausbildungsentscheidung verschiedene Zeitstrecken. Was uns zunächst beschäftigt, ist die Lage jener Heranwachsenden, von denen der Aufschub eines vollen Erwachsenenlebens bis zum Abschluß eines längeren Bildungsganges erwartet wird. So trifft man vielleicht den Freund der Grundschule als wohlbestallten Kraftfahrzeugmechaniker oder in einer anderen Werkstatt wieder, um dann erstaunt festzustellen, daß er nicht nur glücklich verheiratet ist, sondern sogar schon stolz das Bild des ersten Kindes vorzeigt, während der Hochgebildete dank zweimal wiederholter Klassen mit zwanzig sich gerade mühsam auf das Abitur vorbereitet. Zwar waren da gelegentlich Freundinnen, vielleicht sogar eine bleibende Verbindung, aber verheiratet, für dauernd und mit Kind – das ist doch etwas ganz anderes. Des weiteren hat die Familie vermutlich beschlossen, daß nach diesem Abitur ein acht- bis zehnsemestriges Studium das Angemessene sei und man dann weitersehen werde, welche Aufstiegsmöglichkeiten sich ergeben würden. Das sind weitere vier bis fünf Jahre Aufschub und Verbleib in einem Lehr-Lern-Verhältnis, während der Freund von der Grundschule seinerseits in einem Spezialberuf vielleicht bereits Jüngere anlernt und ausbildet oder etwa sein zweites Kind erwartet.

Während der eine bereits Lebensstufen durchläuft, in denen er sich als Mann, als Vater, als Vorbild für Jüngere bewähren muß, die nach ihm kommen, und sich damit einer Verantwortung gegenübersieht, die ihn reifen läßt, probiert der andere noch aus, welche der vielen Möglichkeiten sich ihm endgültig eröffnen mögen und welche er schließlich wählen soll.

Beiden gemeinsam ist die Durchgangsphase, in der sie sich vom Elternhaus innerlich ablösen müssen, um ihren eigenen Standpunkt zu begründen. Beiden ist ferner gemeinsam, daß ihre Phantasie zunächst auf Wolken dahinsegelt und Möglichkeiten der Zukunft erträumt, die weitgehend unrealistisch erscheinen. Dennoch hat diese Zukunftsvision größte Bedeutung für die weiteren Lebensstufen, wie wir später bei genauerer Betrachtung der mittleren Lebenskrise sehen werden. Welcher Bildungsweg auch immer beschritten werden mag, die Welt der inneren Vorstellung ist erfüllt von unendlichen Möglichkeiten, wobei sich täglich weitere Perspektiven des Möglichen eröffnen. Auf dieser Stufe ist der junge Erwachsene von einem Zwiespalt beherrscht, der ihn beunruhigt. Auf der einen Seite möchte er sich nicht zu früh in einer bestimmten Richtung festlegen, weil das jene Entwicklungen vorzeitig ausschalten könnte, die er spüren mag, aber aus Mangel an Information und Kenntnis noch nicht entscheiden kann und will. Auf der anderen Seite wird er bedrängt von seiner Umgebung, sich zu entscheiden und festzulegen, oft mit geheimem Vorwurf, daß er nicht länger herumbummeln oder den Eltern auf der Tasche liegen könne. In Zeiten der Vollbeschäftigung bieten sich als Zwischenlösung und Aufschub jene vorübergehenden Tätigkeiten an, die man neudeutsch »jobben« nennt, da sie nichts festlegen, zugleich aber Selbsterprobung ermöglichen. Alte Handwerkertradition bestimmte früher, daß der Geselle auf die Walz gehen müsse, um jenen Teil seiner Entwicklung nachzuholen, der durch die frühe Lehrzeit abgeschnitten worden war, um die Welt kennenzulernen und gerade jene Erfahrungen zu sammeln, die er später als Meister brauchen würde, falls er sich je selbständig machen wollte. Die Unruhe der Übergangsjahre und der Tatendrang konnten auf diese Weise gestillt werden. »Wer nie fortgeht, kehrt nie heim« war ein wichtiger Satz, der die Notwendigkeit der vollständigen Ablösung zum Erreichen der Erwachsenenreife bestätigte.

Das angelsächsische Schulsystem hat diese Ablösung zum Teil bis ins Schulalter vorverlegt. In der Internatsschule oder spätestens im College-Alter, das der Oberstufe der höheren Schule entspricht, müssen die Heranwachsenden das Elternhaus verlassen und sehr früh lernen, innerhalb der eigenen Altersgruppe ohne die Rückendeckung des Elternhauses zu bestehen und sich durchzusetzen oder unterzugehen. Die Verschiedenheiten der Kulturen bestimmen auch die Bewältigung der Lebensstufen von den Kollektivgewohnheiten und Sozialstrukturen her, so daß wir uns hier überwiegend auf den Entwicklungs- und Erlebnisbereich Westdeutschlands beschränken, der sich von anderen europäischen Systemen in bestimmten Schul- und Ausbildungsgrundsätzen erheblich unterscheidet. Dies hängt sowohl mit der traditionellen Familienstruktur als auch mit fortbestehenden oder sich nur langsam wandelnden Erziehungsgrundsätzen zusammen. Letztere tragen, wenn sie allzu unbeweglich geworden sind, nicht unbedingt zu einer Erleichterung wirklichkeitsgerechter Lebensbewältigung auf der Stufe des jungen Erwachsenen bei.

Damit müssen wir zur Anfangsfrage zurückkehren, was unter Erwachsenenreife wohl zu verstehen sei. Das »Reifezeugnis« erhalten jene, die unter Aufschub anderer wichtiger Lebensbedürfnisse bis zum achtzehnten oder zwanzigsten Lebensjahr so viel theoretisches Wissen angesammelt haben, daß sie in der Lage sind, die Ergebnisse von neun oder mehr Jahren mehr oder minder bereitwilliger Aufnahme von Wissensinhalten auf Abruf im Verlauf mehrerer Wochen oder für bestimmte Fächer innerhalb von zehn Minuten auf unberechenbare und unvorhersehbare Fragen so wiederzugeben, daß das Selbstwertgefühl der sie Unterrichtenden weitgehend bestätigt wird. Würde man jene und andere Lehrende der gleichen Prozedur unterziehen, so müßten, nach deren eigenem Eingeständnis, vermutlich etwa achtzig Prozent durchfallen. Dieses Ritual bestimmt demnach die Reife einerseits hauptsächlich nach dem Ausmaß der Wiedergabefähigkeit, die etwa durch Computerspeicherung leichter und sicherer erreichbar wäre, zum zweiten nach dem Grad des subjektiven Wohlgefallens und zum dritten nach dem Ausmaß der Überlebens- und Durchhaltefähigkeit des mit einer im Ernst nicht zu bewältigenden Aufgabe konfrontierten Kandidaten der sogenannten Reifeprüfung. Wieviel Liebesleid, wieviel sexuelle Not, wieviel heimliche Schuld, wieviel abgebrochene Vereinigungswünsche, Magengeschwüre, Selbstmordideen, neurotische Entwicklungen und peinigende Selbstzweifel erlebt wurden, ist nicht Gegenstand des Prüfungsverfahrens, das über die Lebens- und Karrieremöglichkeiten des bis zu diesem Punkt überlebenden »höheren« Schülers entscheidet.

Die Meinung eines berühmten psychologischen Kollegen läßt sich hier nicht unterdrücken: »Es ist erstaunlich, wie viele Kinder trotz der Erziehung doch halbwegs vernünftige Menschen werden!« Seit Benjamin Blooms Untersuchungen erscheint dies weniger überraschend, da entgegen der Schulmeinung der größere Teil aller wichtigen Lernprozesse bis zum siebenten Lebensjahr bewältigt wurde, während die Zeit bis zum siebzehnten Lebensjahr nur der Erweiterung und Verankerung bereits bestehender Einsichten und der Verfügbarkeit variabler gedanklicher Operationen dient, die vom jeweiligen Inhalt unabhängig sind, da dieser weitgehend vergessen wird. Das ist unbedeutend insofern, als die Inhalte zum späteren Zeitpunkt durch in dieser Zeit bekanntgewordene Zugänge in Büchern oder durch Computerspeicherung wieder verfügbar gemacht werden können. Diese Inhalte überdecken jedoch weitgehend die ursprünglichen Grunderlebnisse der Gefühlswelt, die zum Teil in diesem Bildungsprozeß verschüttet werden, für den Reifungsprozeß auf anderen Lebensstufen jedoch erforderlich sind.

Obwohl wir die tatsächlich notwendige Entwicklung und Reifung der Heranwachsenden und jungen Erwachsenen

durch das mittelalterliche Prinzip der Kanzel- und Katheder-
lehre noch weitgehend erschweren, läßt sich absehen, daß der
zukünftige Erzieher zu jener Rolle zurückkehren wird, die ihn
wieder zum Mentor werden läßt, statt ihn zum Einpauker zu
degradieren. Allein die Verfügbarkeit gespeicherten Wissens
wird den Schwerpunkt des zu Erlernenden in Richtung der
Quellenkenntnis und der für Detailwissen erforderlichen Zugänge verlagern. Damit werden gewiß heute noch wirksame,
die Entwicklung hindernde, falsche Abhängigkeitsverhältnisse allmählich zugunsten freierer Beziehungsmöglichkeiten
verschoben werden, die eine bessere emotionale Entwicklung
sowohl für den Lehrenden wie für den Lernenden ermöglichen.

Nun ist der Erwerb von Wissen keineswegs der einzige
Lernprozeß, der die Entwicklungsvorgänge zur Stufe des jungen Erwachsenen bestimmt. Sein Interesse ist weitaus stärker
auf die bedeutsamen Beziehungen innerhalb der Altersgruppe gerichtet, in der er Modelle der Führung, der Beziehung von Gruppen untereinander, den Wechsel von einer
Gruppe zur anderen einschließlich der damit verbundenen
Loyalitätskonflikte im Interesse der Stabilisierung eigener
Identität erproben kann. Der Kampf der vorausgehenden
Lebensstufe um eine einmalige, von anderen sich unterscheidende subjektive Identität, die dennoch nicht zu weit aus der
Altersgruppe herausfällt, wird fortgesetzt. Doch hier scheiden
sich die Wege bereits deutlich. Während ein geringer Prozentsatz jugendlicher Erwachsener eine vorübergehende Isolation nicht scheut, um nahezu besessen eine sich auf ganz
spezifische Weise unterscheidende Identität, oft als Künstler
oder Wissenschaftler, zu begründen, ist die Mehrheit um ihre
Solidarität mit gleichaltrigen Partnern beider Geschlechter
bemüht. Intimität, einander wirklich nahekommen in oft
idealisierten Freundschaften, ist gleichsam der Vorbote ernst-
hafterer Gefühlsbeziehungen, die nicht selten zunächst mit
großer Intensität am eigenen Geschlecht erlebt werden. Die

haltbarsten und ernsthaftesten Freundschaften von Mann zu Mann genauso wie von Frau zu Frau entstammen dieser Lebensstufe. Es ist, als trete gleichsam der intime Freund oder die Freundin an die Stelle der verlorenen Eltern, noch bevor ein ernsthafter Schritt auf einen Partner des anderen Geschlechtes hin möglich ist und vollzogen wird. Das bedeutet keineswegs, daß nicht zuvor oder gleichzeitig mehr flüchtige, unverbindliche sexuelle Beziehungen zum anderen Geschlecht bestehen oder aufgenommen wurden. Solche Beziehungen haben jedoch mehr die Bedeutung von fast physisch-biologischen Abreaktionen ohne echtes Bedürfnis nach tieferer Bindung. Auch hier herrscht der Grundsatz, die Unendlichkeit der Möglichkeiten, solange es irgend geht, offenzulassen und sich nicht festzulegen, für beide Geschlechter. Die Klage moderner junger Frauen geht eher dahin, daß junge Männer sich in Gefühle verwickeln, Besitzansprüche stellen, sofort heiraten wollen und leicht den Pascha spielen, während die Frau ihrerseits zunächst einfach nur von dem gleichen Recht der Erprobung und Triebbefriedigung Gebrauch machen möchte, das der Mann als nahezu selbstverständlich für sich in Anspruch nimmt. Die Angst des jungen Mannes, in eine Falle zu geraten und geheiratet zu werden, hat wenig mit der Realität der Frau zu tun, stammt vielmehr aus den verbleibenden Resten der kindlichen Angst, von einer übermächtigen Mutter erneut verhaftet zu werden, was zugleich jedoch auch Anlehnungswunsch ist. Die Kontrolltendenz des jungen Mannes, sein unbewußter Dominanzanspruch in einer unechten Herrscherrolle verraten meist nur seine größere Unsicherheit und Unreife, denn, beim Wort genommen, ergreift er meist angesichts einer möglichen Heirat eher die Flucht, als eine bleibende Bindung vorzeitig einzugehen. Die verborgene Konkurrenzbedeutung sexueller Beziehungen kommt mitunter auch darin zum Ausdruck, daß für beide Geschlechter der jeweils erwählte Partner mehr als Demonstrationsobjekt benutzt wird, das durch Vorzeigen sowohl den Neid der Rivalen wie auch die eigene Potenz

74

unterstreichen soll. Ist das mit Hilfe von gut aussehenden Frauen oder Männern nicht möglich, so müssen Autos, Kleider oder andere besondere Heldentaten dem gleichen Zweck dienen. Nicht zu Unrecht gilt ein bestimmter Typ von Sportwagen in der Welt junger Erwachsener als »rollender Phallus«, der sexuelle Potenz bestätigen soll, die anderweitig nicht nachgewiesen werden kann. Der Lernprozeß dieser Lebensstufe spielt sich in einem ständig wechselnden Durcheinander von Konkurrenz und Kooperation ab. Gegnerschaft und Zusammenarbeit heben einander nicht unbedingt auf, sondern es ist möglich, mit einem Nebenbuhler um ein Mädchen gleichzeitig auf einer anderen Ebene zusammenzuarbeiten, wobei die verschiedensten Formen der Rivalität *und* gleichzeitigen Übereinstimmung auf anderen Gebieten erprobt und oft unbewußt ausagiert werden. Dieser Zusammenhang gilt für beide Geschlechter.

Das Gefühl überschießender Lebensenergie, bei gleichzeitig fortbestehender Unsicherheit, zeigt sich in allerlei Überkompensationen, Schnoddrigkeiten, Überlegenheitsgefühl und Scheinweisheiten, die dann jäh in Niedergeschlagenheit, Depression, Unzulänglichkeitsgefühl und Weltschmerz umschlagen können. Obgleich wir es mit jungen Erwachsenen zu tun haben, reichen die Überreste der Adoleszenz oft noch weit bis ins Ende der zwanziger, mitunter in den Anfang der dreißiger Jahre. Der ewige Student oder der Unentschlossene, der von einem Beruf zum anderen wechselt, ohne sich entscheiden zu können, sind typische Beispiele einer verlängerten Adoleszenz, der meist eine Störung früher Kindheitsbeziehungen und ein unbewußtes Nachholbedürfnis zugrunde liegen. Bedenklicher ist die bleibende Angst, eine endgültige Entscheidung zu treffen. Sie führt zu jenem von Siegfried Bernfeld schon 1920 trefflich beschriebenen Zerrbild des ewigen Jünglings, das sich bei näherem Hinsehen als frühe Verlustangst enthüllt und etwa wie bei Oscar Wilde zur beinahe süchtigen Flucht in eine Lustwelt führen kann – eine

Entwicklungsfixierung, in der allein nur noch das kindliche Lustprinzip die Lebenskurve zuungunsten der Wirklichkeit bestimmt.

In aller Lebensfülle der unendlichen Möglichkeiten wächst zugleich mit zunehmendem Alter, je nach Ausbildungsstand und Beruf, von innen her die Furcht, entscheidende Möglichkeiten zu verpassen. Diese Einsicht wird keineswegs immer vom Berufsleben, erfolgreich beendeten Studium oder verlockenden Beförderungsangeboten bestimmt. Vielmehr führt weit häufiger die Erfahrung mit einem Partner oder einer Partnerin, denen echte Zuneigung galt, zu einem schmerzlichen Erlebnis. Das beglückende Erlebnis, sich selbst in einem anderen verlieren und neu wiederfinden zu können, führt leicht zu dem jähen Bewußtsein, durch eigene Unentschlossenheit Glück versäumt zu haben, wenn der Partner durch allzulanges Zögern, Hinhalten oder Zerwürfnisse sich schließlich einem Dritten zuwendet und endgültig davongeht. Manchmal häufen sich mehrere Erfahrungen versäumter Gelegenheiten auf verschiedenen Ebenen, die schließlich die Richtung der früheren Angst, sich vorzeitig festzulegen, dahingehend umkehren, daß nun eher eine Art Torschlußpanik entsteht. Hinzu kommt, daß die Unverbindlichkeit und Freiheit des im wahrsten Sinne Jung-Gesellen-Lebens auch Unbequemlichkeiten mit sich bringt. So verlockend es für lange Zeit erscheinen mag, mit leichtem Gepäck bei jedem Anruf für beliebige neue Abenteuer ohne Beschwernis verfügbar zu sein, so sehr wächst gleichzeitig das Bewußtsein, daß doch eines Tages eine Entscheidung getroffen werden muß, die sowohl der Außenwelt wie dem eigenen Selbst gegenüber eine annehmbar klare Zukunftsperspektive erkennen läßt. Auch hier bestimmt die Zugehörigkeit zur Gruppe der Gleichaltrigen und nicht das Elternhaus den nächsten Schritt allein schon dadurch, daß mehr und mehr Freunde abbröckeln, die sich entschieden haben und bereits auf dem Wege zur nächsten Lebensstufe sind. Sosehr manche Propagandisten beiderlei Geschlechts aus ideologischen Gründen Ehe und Elternschaft verschmähen mögen, die statistische Mehrheit junger Erwachsener und Heranwachsender bejaht unverändert als Ziel dieser Lebensstufe dennoch Ehe und Familie – selbst wenn das für rückständig gehalten werden sollte und den ohnmächtigen Zorn von extremen Gruppen auslösen würde. Man wird diesen Ausgang der Lebensstufe des jungen Erwachsenen kaum als ungewöhnlich oder abnorm bezeichnen können. Eher scheint das Gegenteil der Fall zu sein, da manche Befürworter extremer Emanzipation allzuleicht vergessen, daß es die Generation der Kinder dieser Eltern sein wird, die bereit sind, die Soziallasten der Allgemeinheit und die Fürsorge für die dann gealterten Vorkämpfer für allgemeine Ehelosigkeit zu tragen. Darüber hinaus wäre jedoch auch zu fragen, welche anderen Stabilisationsfaktoren sich denn dem jungen Erwachsenen anbieten würden, der anerkennt, daß die Zeit nicht umkehrbar ist und ihm Verpflichtungen zur Bewältigung mehrerer Lebensstufen auferlegt, die er kaum abwenden kann, solange er sich für das eigene Leben und für die Zukunft der Gesellschaft verantwortlich fühlt.

Freilich ist das Entscheidungsalter sehr verschieden, statistisch jedoch, unabhängig von Bildung und Sozialschicht, nicht zu weit voneinander entfernt. Im Gegensatz zur landläufigen Furcht vor der Frühehe unreifer Kinder gibt die Majorität als erwünschtes Alter für eine endgültige Partnerwahl die Zeit nach dem fünfundzwanzigsten Lebensjahr an, was keineswegs bedeutet, daß nicht ein geringerer Prozentsatz sich vor diesem Alter bereits entscheidet. Dabei zeigt sich zugleich, daß solche frühzeitigen Entscheidungen die geringere Haltbarkeit aufweisen. Sie scheinen vielmehr auf einer unbewältigten Lebensstufe zu beruhen, der die Voraussetzungen für Dauer deshalb fehlen, weil keine echte Wahl erfolgte – sei es aus Kurzschlußhandlungen, Ungeduld oder besonderen Umständen, die sich dann später als unzuträglich für eine bleibende Partnerschaft gemeinsamer Entwicklung erweisen.

Am Ende der Lebensstufe des jungen Erwachsenen sind zwei Entscheidungen gefallen, die den weiteren Lebensweg bestimmen: Im persönlichen Leben ist es die Entscheidung für einen bestimmten Partner oder der Rückzug in die Isolation, die durchaus auch konstruktiven Zielsetzungen dienen kann. Im beruflichen Leben ist die Entscheidung für eine bestimmte Entwicklung gefallen, deren einzelne Stufen nahezu bis zur Lebensmitte hin zu übersehen sind. Die Festlegung ist erfolgt im Bewußtsein, daß diese Entscheidung andere mögliche Wege ausschließt, die zuvor als Traumwahl erschienen.

Wie allgemein dieses Erlebnis erfahren wird, entnehme ich zwei Tagebüchern, deren Inhalt mir anvertraut wurde. In den Notizen eines fünfundzwanzigjährigen Mannes heißt es: »Mir ist, als stünde ich auf einem großen Platz vor einem Riesentor, das verschiedene Türen hat, durch die ich gehen kann. Die Wahl ist schwer, denn ich weiß, es gibt kein Zurück. Die Tür läßt sich nur nach einer Seite öffnen. Wenn ich hindurchgegangen bin, gibt es keinen anderen Weg mehr. Eine furchterregende Aussicht . . .« Ein Jahr später schreibt der gleiche Autor im Rückblick auf die eigene Notiz: »Merkwürdig, daß ich so lange gezögert habe. Fast ist es zum Lachen, denn als ich schließlich durch die Tür meiner Wahl ging und jenseits der Mauer hinaustrat, lag eine wunderschöne weite Landschaft vor mir. Ich konnte all die anderen Wege übersehen, die in zahlreichen Windungen durch Hügel und Wälder in verschiedene Richtungen führten und doch am fernen Horizont wieder näher beieinander zu sein schienen. Dennoch begriff ich im Blick zurück, daß es keine Umkehr zu dem Bereich jenseits der Mauer mehr gibt, von wo ich kam. Ich werde alles in guter Erinnerung behalten.«

Ein weniger romantisches, aber dennoch fast bedrängenderes Bild findet sich im Tagebuch einer sechsundzwanzigjährigen Frau: »Mir ist, als stünde ich vor einem Riesenschaufenster, angefüllt mit einer Fülle von kostbaren und herrlichen Gegenständen, die ich alle gerne haben möchte. Aber ich muß die Regeln befolgen, ich darf nur einen einzigen von all diesen köstlichen Gegenständen für mich wählen. Umtausch ausgeschlossen! Wie soll ich wissen, was das Richtige für mich ist, ob es hält und ob ich die Wahl nicht bereue in Erinnerung an all die anderen Möglichkeiten, die ich von der Wahl ausschloß?« Auch hier findet sich zwei Jahre später eine andere Eintragung: »Doch eine verrückte Angst, die ich hatte mit der Schaufensteridee! Heute erscheint mir meine Wahl fast wie Aladins Wunderlampe, die alles herbeizaubern kann, was ich glaubte für immer ausschließen zu müssen. Nun ist es, als ob immer mehr Gegenstände am Wege liegen, die viel kostbarer erscheinen. Merkwürdig, daß man das immer erst hinterher ganz versteht.«

Freilich verläuft der Entscheidungsprozeß dieser Lebensstufe nicht immer so glatt, daß nicht bleibende Zweifel Unsicherheit in späteren Lebensstufen verursachen könnten. Der Selbstzweifel ist aber dann meist auf frühere Lebensstufen zurückzuführen, deren Nachhol- und Korrekturbedarf nicht erfüllt wurde, weil Angst vor Veränderung überwog. Die meisten Menschen versuchen immer wieder von neuem, die gleichen psychologischen Umweltbedingungen herzustellen, an die sie seit ihrer Kindheit gewöhnt sind. Werden solche »Hänger« nicht aufgearbeitet, so kann es in der Lebensmitte leicht zu einer Anhäufung von aufgeschobenen Konflikten kommen, die dann alle auf einmal gelöst werden sollen. Wir werden genauer betrachten müssen, welche Aufgaben mit dem Schritt ins volle Erwachsenenleben ähnliche, jedoch schwierigere Lösungen fordern.

Eine letzte Schwierigkeit verdient Beachtung, da sie oft von der älteren Generation übersehen wird. Es ist gewiß nicht böse Absicht, sondern eher falsches Verständnis, wenn etwa eine Mutter auf den beglückten Bericht der heimkehrenden

Tochter, daß sie nun den Mann für das Leben gefunden habe, sofort mit den Worten reagiert: »Ach ja, das kenne ich« und von sich selbst zu reden beginnt. Von der Adoleszenz an kämpft der junge Erwachsene nicht nur um die Einmaligkeit und Unverwechselbarkeit seiner Identität, sondern auch um die Erstmaligkeit seiner subjektiven Erlebnisse, die nach seiner Auffassung kein anderer vor ihm jemals so erlebt haben kann. Im Prinzip ist das durchaus richtig, denn es gibt kaum zwei Menschen, die in ein- und derselben Situation das gleiche erleben. Beide sind in völlig verschiedenen Welten aufgewachsen. Nicht einmal eineiige Zwillinge erleben innerlich das gleiche, da der andere Zwilling stets als ein anderer im Bewußtsein bleibt, so groß die äußere Ähnlichkeit und Nähe der Empfindung auch sein mag.

Es ist eine Kränkung für jeden jüngeren Menschen, wenn Ältere die Erstmaligkeit seines Erlebens und seiner Eigenständigkeit damit abwerten, daß sie ihm aufdrängen, wie sie selbst lange zuvor genau das gleiche erlebt haben, das eben in Wahrheit nicht das gleiche ist. Sicher sucht der junge Erwachsene Verständnis und Bestätigung für seine Ideen und Erlebnisse. Er braucht sie, um sich sicher zu fühlen, aber es enttäuscht ihn, von anderen zu hören, daß seine Erfahrung nicht neu ist, obwohl sie ihm selbst völlig neu erscheint. Die Kunst, zuzuhören, geht mehr und mehr verloren, weil die meisten Menschen zu gerne von sich selbst reden. Für den jungen Erwachsenen ist die Bereitschaft des Älteren, ihn ohne sofortigen Kommentar anzuhören und einfach Verständnis zu vermitteln, eine unschätzbare Entwicklungshilfe. Erst wenn der Jüngere selbst die Frage stellt, ob ähnliches von anderen wohl zuvor erlebt und erfahren wurde, wäre der Zeitpunkt gekommen, sehr behutsam das Alterstypische oder Berufsspezifische zu bestätigen, ohne dadurch die Erstmaligkeit der Erfahrung des Jüngeren zu verringern oder abzuwerten.

In der beruflichen und privaten Beziehung zwischen älteren und jüngeren Erwachsenen wird sofort sichtbar, ob der Ältere seine eigene Lebenslektion gelernt und die Reifestufe seines Alters erreicht hat. Reagiert er mit Konkurrenzangst, bläht sich auf und muß seine Überlegenheit und größere Erfahrung sofort beweisen, so ist er selbst nicht sehr weit über die Stufe des Reifungsalters hinausgekommen und wird logischerweise dann den Jüngeren zu einem ähnlichen Konkurrenzverhalten verleiten, wenn dieser nicht stillschweigend und höflich den Zusammenhang erkennt und sich nicht auf eine solche Art der Beziehung einläßt.

Umgekehrt haben viele junge Erwachsene das Bedürfnis, entweder sich an Elterngestalten anzulehnen oder gegen sie zu rebellieren. Der Ältere wird dadurch leicht unfreiwillig in eine Rolle hineingezogen, die er gar nicht will. Im Lernprozeß des Lebens bleibt es eine der schwierigsten Aufgaben, ein vernünftiges Gleichgewicht zwischen Mentor und Lernendem herzustellen, zumal die Dauer einer solchen Beziehung zeitlich absehbar dadurch begrenzt ist, daß im weiteren Lebensablauf der Wunsch nach Ablösung und Eigenständigkeit sich zunehmend verstärkt. Wir werden sehen, was auf der nächsten Lebensstufe in dem Versuch geschieht, gleichsam sein eigener Herr werden zu wollen.

HERR
SEINER SELBST

Wenn wir in der Alltagssprache zur Beschreibung eines bestimmten Verhaltens den Satz hören: »Er war nicht mehr Herr seiner selbst«, so müssen wir annehmen, daß dieser Beschreibung die gegenteilige Vorstellung zugrunde liegt, der Mensch müsse Herr seiner selbst sein können, oder anders ausgedrückt, sich beherrschen und selbst bestimmen können, wie er sich jeweils situationsgerecht verhält. Nun scheint es für viele Menschen Augenblicke zu geben, in denen sie in der Gefahr sind, »aus dem Häuschen zu geraten«. Die Alltagssprache hat viele Bilder und Symbole, die den Verlust der Selbstkontrolle umschreiben, wenn solches Versagen zum erkennbaren Ärgernis wird und als außergewöhnlich erscheint. Wann tritt das ein? Volkstümlich häufig dann, wenn jemand »sich auf den Schlips« oder »auf den großen Zeh getreten« fühlt, mit anderen Worten, wenn die kritische Distanz einer sozialen Beziehung in Richtung einer zu großen persönlichen Nähe überschritten wird und jemand unberechtigt in einen verwundbaren Intimbereich eindringt, ohne daß eine rechtzeitige und vorbeugende Abwehr möglich war. Demnach gibt es einen eigenständigen, inneren Bereich, in dem wir mit uns selbst »zu Rande kommen« müssen. Die Entscheidung zwischen dem, was wir jeweils in einer bestimmten Situation möglicherweise sagen oder tun könnten, und dem, was wir dann tatsächlich tun oder sagen, bemißt sich nach den jeweiligen Umständen. Sind wir abhängig oder unterlegen, so unterdrücken wir besser Äußerungen des Unwillens oder der Abweisung aus Selbsterhaltungstrieb. Sind wir unabhängig und »eigener Herr«, so können uns bestimmte Inhalte gleichgültig sein, die wir einfach übergehen. In einer überlegenen Position, in der andere von uns abhängig sind, glauben wir dann leicht, überlegene Macht ausspielen zu können, die andere wehrlos hinnehmen müssen.

Die von Eric Berne entwickelte Transaktionsanalyse hat sich diese Erkenntnis in Erweiterung und volkstümlicher Anwendung psychoanalytischer Forschungsergebnisse zunutze gemacht, indem sie unter Vermeidung von Fremdworten und Fachausdrücken konkrete Verhaltensweisen zwischen Menschen mit den ursprünglichen Beziehungen in Vergleich setzt, wie sie zwischen Eltern und Kindern erlebt wurden. Im Verhältnis Vorgesetzter-Untergebener nehmen wir üblicherweise an, daß zwei Erwachsene miteinander reden. Das trifft jedoch keineswegs immer in der Wirklichkeit zu. Wenn zum Beispiel ein Vorgesetzter seinen Angestellten anbrüllt: »Wo zum Teufel ist der Bericht, den ich seit zwei Stunden brauche?«, und der Untergebene stottert ängstlich: »Jawohl, sofort« und rennt nach dem Bericht, so handelt in Wirklichkeit ein ärgerlicher, bedrohlich tyrannischer Vater gegenüber einem eingeschüchterten Kind, keineswegs aber handeln zwei reife Erwachsene miteinander. Reagiert der Angestellte auch ärgerlich: »Der Bericht liegt seit drei Stunden auf Ihrem Schreibtisch – vielleicht sehen Sie mal genauer nach!«, so geraten zwei Elternfiguren in einen streitbaren Machtkampf. Die Atmosphäre dient dann mehr der Gefühlsentladung als der Sache, sicher jedoch nicht einer nüchternen Zusammenarbeit zwischen Erwachsenen.

Es gibt in der Alltagswelt unendlich viele Beispiele ähnlicher Art, im Berufsleben, in der Ehe, in Freundschaften und Bekanntschaften, in denen jeden Tag von neuem Gleiches geschieht. Das ist völlig normal und nicht ungewöhnlich. Ungewöhnlich ist nur, daß wir dabei meist nicht bemerken, in welcher Rolle und auf welcher Ebene wir selbst Inhalte mit Worten und durch Gesten, Haltungen oder Gesichtsausdruck an andere vermitteln, die ihrerseits darauf wiederum in gleicher Vielfalt der Signale auf den verschiedensten Ebenen antworten. Da dies unbewußt geschieht, bedarf es besonderer Bemühungen, zu begreifen, was tatsächlich in solchen »Transaktionen«, nämlich Austauschhandlungen zwischen Menschen, geschieht, welche Botschaften und Inhalte vermittelt werden und wie wir oft ahnungslos einander mitteilen, auf welchen Lebensstufen wir gerne sein, verharren oder zu welchen wir zurückkehren möchten. Das ist, wie wir zuvor gesehen haben, nur dadurch möglich, daß es einerseits im Unbewußten weder Zeit noch Raum gibt und daß andererseits die gegensätzlichsten Inhalte und Gefühle im Tresor der Gedächtnisbank wahllos so nebeneinander liegen, wie wir sie ursprünglich in unserem Gefühlsleben erfahren haben.

Es ist eine natürliche Bemühung, aus der Abhängigkeit der Kindersituation herauszukommen und nicht wie ein ängstliches oder wütendes Kind oder wie ein rebellierender oder protestierender Heranwachsender im Umgang mit anderen Erwachsenen zu reagieren. Verlockender erscheint es dann schon, eine überlegene Elternrolle anzunehmen, in der wir andere, gleichsam als Kinder, entweder unter Druck setzen und bedrohlich tyrannisieren können oder uns verständnisvoll bemühen, sie mit gutgemeinten väterlichen oder mütterlichen Weisheiten zu versorgen, weil uns dies ein Gefühl des Erhabenseins vermittelt. Die Wirklichkeit belehrt uns jedoch schnell dahingehend, daß wir es im Umgang mit anderen Erwachsenen eigentlich mit Menschen zu tun haben, die weder gescheiter noch dümmer sind als wir selbst und die sich an Lebenserfahrung, Reife und Alter nur geringfügig unterscheiden, soweit es die Bewältigung des Lebens betrifft und nicht die soziale oder berufliche Rolle.

Es gibt eine Faustregel, die zwar nicht immer leicht anwendbar ist, uns im Umgang mit Erwachsenen jedoch vor allzu schnellen Versuchungen schützt, in die Kinder- oder Elternrolle zu verfallen. Eine kurze Zwischenüberlegung kann uns vor blinder Interaktion bewahren: »Wer macht was, wann, mit wem und warum?« Es ist ein »machen«, wenn wir die Wirklichkeit verleugnen und, statt erwachsen zu sein, in Unterlegenheits- oder Überlegenheitshaltungen flüchten, und solche »gemachte« Wirklichkeit kann nur schwer zu wirklichkeitsgerechten Ergebnissen führen. Freilich haben wir gelegentlich auch Abhängigkeitsbedürfnisse und genießen die geringere Verantwortung in der Rolle des fügsamen Kindes. Schließlich hat es zu allen Zeiten Führer und Geführte gegeben, wobei die Geführten sich ihrer Vorteile meist erst dann bewußt werden, wenn sie vor der Schwierigkeit stehen, selbst andere führen zu müssen. Weil dies ein natürlicher Entwicklungsprozeß im Verhältnis zwischen Eltern und Kindern ist, den wir alle durchlaufen, neigen wir dazu, dieselbe Situation vor allem dann wieder herzustellen, wenn wir den Schutz einer festen Struktur und Kontrolle mit Hilfe von Regeln brauchen, die von außen bestimmt werden, weil wir genügend mit inneren Impulsen und andrängenden Bedürfnissen zu kämpfen haben, deren sofortige Befriedigung sich in der Außenwelt verbietet, wenn wir nicht ein unnötiges Risiko eingehen wollen. Das umfaßt wiederum hauptsächlich Gefühle: Ärger, Zorn, Wut auf der einen, Zuneigung, sexuelle Wünsche, Zärtlichkeits- und Anlehnungsbedürfnis auf der anderen Seite, verursacht durch Enttäuschungen und Versagungen, weil die Wirklichkeit nicht so ist, wie wir sie in unseren Träumen und Vorstellungen ursprünglich ersehnt haben.

Was ist aber eigentlich ein »Herr«, wenn wir davon sprechen, daß Erwachsensein das Herr-seiner-selbst-sein-Können umfaßt? Die witzigste Definition erhielt ich von einem Oberkellner: »Ein Gast, der beim Servieren jedes Ganges und nach Erhalt der Rechnung für ein ausgiebiges Mahl ›Danke‹ sagt.« In dieser Definition ist es offenbar nicht etwa die finanzielle Macht, die Anerkennung findet, sondern die Achtung des Mächtigen vor dem Abhängigen, der ihm bereitwillig dient. Die Phantasie des »Herrenmenschen« meint offensichtlich das genaue Gegenteil, die Verachtung des durchaus zweifelhaft Mächtigen für andere, Abhängige.

Diese Überlegungen sind notwendig, um uns den Problemen der Lebensstufen zu nähern, die über eine lange Zeitstrecke mit Macht, Herrschaft, Herr-Sein, Beherrschen und Beherrscht-Werden genauso wie mit Beherrscht-Sein zu tun haben. Wie eng Macht und Sexualität miteinander verbunden sind, mag jeder Mann aus jenen Anzeigen der Boulevardblätter entnehmen, in denen »strenge Herrinnen«, auch als »Domina«, ihre speziellen Dienste all jenen anpreisen, die einzig nur noch aus dem Beherrscht-, Unterworfen- und Gezüchtigt-Werden sexuelle Erregung entwickeln können, wenn sie sich also in eine kindliche Situation zurückbegeben. Das hat insofern Bedeutung, als in der ehelichen Partnerschaft Erwachsener sich ähnliche Macht- und Herrschaftskämpfe abspielen, die nicht selten in engem Zusammenhang mit dem Berufsleben stehen. Ein in seiner Bedeutung unterschätzter und im Geltungsbedürfnis in seinem Beruf unbefriedigter, sich in seiner vermeintlichen Größe verkannt und benachteiligt fühlender Mann wird leicht in Versuchung kommen, solchen Mangel als donnernder Haustyrann ausgleichen zu wollen. Umgekehrt wird der im Beruf über mehr als genug Macht Verfügende gelegentlich in Versuchung sein, das Regiment einer aggressiven Ehefrau zu überlassen, bis ihn Töchter oder Söhne daran mahnen, daß er aus zu großer Nachgiebigkeit und Unbestimmtheit versäumt hat, sie vor ungerechtfertigten Angriffen zu schützen.

Die Beispiele lassen sich endlos variieren. Es kommt darauf an, zu begreifen, daß in diesem Abschnitt zwischen dem Leben als junger Erwachsener und der Übergangsstufe der mittleren Jahre Neues erlernt werden muß, das zunehmend Bedeutung für die Bewältigung der mittleren Lebenskrise gewinnt. Dies gilt für Ehe- und Sexualleben genauso wie für den Beruf und die fachliche Weiterentwicklung. Die Fähigkeit, etwas zu erschaffen und zu schaffen, Neuem Existenz zu verleihen, kommt in dem Begriff »Produktivität« zum Ausdruck. Durch eigenes Denken oder Handeln Ergebnisse herbeizuführen, verläßlich Sorge tragen zu können, daß etwas geschieht oder durchgeführt wird, erfordert die Bereitschaft, sich einzusetzen, sich selbst zu geben, Arbeit mit anderen zu teilen in Haushalt und Beruf und darin Befriedigung zu finden, die der Lebensstufe entspricht. Man könnte einfacher sagen, es ist die schöpferische Fähigkeit, die auf viele Weisen zum Ausdruck kommt: in der Ausgestaltung des Heims, des Gartens, in Kochversuchen und dem Erproben neuer Rezepte oder Kleiderschnitte, im Besuch von Kursen zur Weiterbildung ebenso wie in technischen Erfahrungen, neuen kaufmännischen Transaktionen oder Kontakten, in der Entwicklung neuer Verkaufstechniken oder Produkte ebenso wie in wissenschaftlicher Forschung, in künstlerischem Schaffen, in Malerei, Musik, bildender Kunst und Dichtung. Kurz, Produktivität kommt in jeder zunehmenden schöpferischen Meisterung neuer Aufgaben, in welchem Beruf auch immer, zum Ausdruck, wobei selbstverständlich Hausfrau und Mutter als voller, mehr als acht Stunden Arbeitszeit erfordernder Beruf zu zählen ist. Schließlich findet diese Fähigkeit zum Schöpferischen nicht zuletzt auch Ausdruck in der Zeugung, wobei weniger der Zeugungsakt und die Möglichkeit der sexuellen Variationen gemeint ist, die freilich auch ein Ausdruck der Umsetzung von Phantasie in Wirklichkeit ist, sondern mehr Zeugung im weiteren Sinne als Fortbestand des Lebens in der Sorge für die nachwachsenden Generationen, genauso wie für die Aufrechterhaltung bestimmter Ordnungen oder Traditionen.

Schon hier ergibt sich ein Einschnitt, der zunächst wenig verstanden wird. Wir betrachten uns selbst auch als Erwachsene noch lange als »Kinder« unserer Eltern und werden von diesen so erlebt. Sohn oder Tochter zu sein ist gewiß keine Schande oder etwa ein Entwicklungsnachteil. Aber diese Identität verändert sich, wenn wir selbst Eltern, Vater oder Mutter werden. Funktionell biologisch scheint dies einfach zu sein und ist oft das unerwünschte Ergebnis eines unbedachten Augenblicks – eine ungünstige Ausgangsposition für jedes zu erwartende Kind, wenn das Gefühl der unerwünschten

Schwangerschaft anhält. Tatsächlich jedoch kehrt sich mit der Geburt eines Kindes unsere Lage um, sie wird zweigeteilt. In der einen Richtung bleiben wir Sohn oder Tochter, in der anderen Richtung sind wir jedoch Vater oder Mutter, ohne zunächst genau zu wissen, welche Veränderungen das von uns erfordert. Vielleicht ist es deshalb selten, daß eine Frau, die sich ihrer Schwangerschaft sicher ist, dies sofort ihrem Partner mitteilt. Sie muß vielmehr zunächst einmal selbst mit den inneren und äußeren Änderungen zurechtkommen, die dieser Schritt in ihrem Lebensablauf bedeutet. Umgekehrt wird die Aussicht auf Veränderung, wenn sie schließlich dem männlichen Partner mitgeteilt wird, von ihm nicht immer gerade mit großer Begeisterung begrüßt. Spontane Bemerkungen wie »Ausgerechnet jetzt, wo wir doch gerade dies oder jenes wollten . . .« oder drastischer »Na – das hat uns gerade noch gefehlt« sind nicht ungewöhnlich, aber sie kennzeichnen die oft völlig unbewußte Angst des jungen Mannes vor der verbindlichen Verantwortlichkeit, die ihm keine Flucht mehr erlaubt und ihn in eine neue Lebensstufe hineinzwingt. Leider beruhen viele Ehetragödien und manches bittere Schicksal eines im Grunde abgelehnten Kindes auf solcher Elefantenpsychologie zutiefst unsicherer Männer, die noch keine Vision der eigenen Vaterrolle haben. Schwangerschaft und Geburt verändern automatisch Arbeitsteilung und Haushalt, sofern sie zuvor einseitig verteilt waren. Sie beenden aber auch für die Frau oft vorzeitig berufliche Entwicklungsmöglichkeiten oder Ausbildungspläne. Manchen Männern scheint das recht zu sein, da sie sich insgeheim ohnehin vor der Konkurrenz der Frauen fürchten, wenn diese sich, außer der dem Manne nicht gegebenen Fähigkeit zur Schwangerschaft, in beruflichen Bereichen nicht nur als ebenbürtig, sondern gelegentlich als überlegen erweisen.

Vater oder Mutter *sein* ist im Gegensatz zum *werden* sprichwörtlich schwer. Babys und Kleinkinder konfrontieren Eltern unbewußt mit allen Erinnerungen an eigene Kindheitserlebnisse und Gefühle, aber zugleich besiegeln sie den endgültigen Abschied von der eigenen Kindheit. Als Vater oder Mutter können wir nicht mehr das hilflose und liebebedürftige Kind gegenüber den eigenen Eltern oder älteren Erwachsenenfiguren spielen, die wir stellvertretend an ihre Stelle gesetzt haben. Das verändert auch das Mentorverhältnis im Beruf. Während die meisten jüngeren Männer im Beruf eine Beziehung zu einem älteren Förderer begründen, der ihnen mit Rat und Tat hilft, erste Schwierigkeiten zu überwinden, neigen sie gleichzeitig dazu, besonders im akademischen Leben, den jeweiligen Lehrer zu bewundern, was gelegentlich in Verehrung ausartet. Das geht eine ganze Weile gut und befriedigt schließlich beide Seiten. Den Lehrenden, weil er den Reichtum seiner Lebensweisheit kostenlos verschenken kann und vielleicht ein befriedigenderes Vatererlebnis hat, als ihm das gleiche mit den eigenen, rebellierenden Kindern in deren notwendiger Ablösungsphase bisher geglückt ist. Den lernenden, jungen, bewundernden, gelehrigen Erwachsenen befriedigt es, angenommen zu sein und mit eben jenen Weisheiten kostenlos gefüttert zu werden, die er vielleicht im Elternhaus vermißte, und zumindest in den Augen seines Förderers oder Vorgesetzten als vielversprechender Aufsteiger zu gelten – ein sicheres Zeichen, daß er sich anerkannt und geliebt fühlen kann.

Für Frauen ist diese Entwicklung meist weitaus schwieriger, denn gewiß kann kein junger Ehemann jemals die Vollkommenheit erreichen, mit der eine persönliche Sekretärin etwa ihren allmächtigen Chef idealisiert hat, zugleich alle seine kleinen Schwächen kennend und besser ausnutzend als jede Ehefrau es könnte. Frauen in solchen Positionen wird oft erst spät bewußt, daß sie sich eigentlich in eine maskierte Vater-Tochter-Beziehung begeben haben, die gelegentlich unfreiwillig auch sexuell entgleist, mit dem Ergebnis, daß kein gleichaltriger Mann jemals solchen symbolischen, geheimen Inzest wirklich überwinden könnte. Daß Männer leichter aus einer solchen Beziehung davonlaufen, ist verständlich, denn wie wäre der ständige Vergleich mit einer überidealisierten Vatergestalt zuungunsten des jüngeren und weniger erfolgreichen Ehemannes ohne massiven Konflikt anders auszuhalten, wenn die Frau nicht bereit wäre, diese falsche Perspektive zu korrigieren?

Für den Erwachsenen im beruflichen Aufstieg ergibt sich ein verändertes Verhältnis zu der zuvor als väterlich betrachteten Fördergestalt vor allem dann, wenn sich mit einer Beförderung eine Erweiterung des Verantwortungs- und Kompetenzbereiches ergibt. Plötzlich wird dann der zuvor bewunderte Ältere mit den kritischen Augen des Konkurrenten betrachtet, und die frühere Idealisierung kann in ihr Gegenteil umschlagen, nämlich in ungerechtfertigte Abwertung. Es handelt sich dabei um einen Ablösungs- und Verselbständigungsprozeß, der in vieler Hinsicht den heftigen Ablösungsbewegungen von der elterlichen Autorität während der Reifezeit ähnlich ist. Der fördernde Vorgesetzte erscheint nun als ein Hindernis für eigene Ideen. Seine Väterlichkeit wird mehr als ein Mittel betrachtet, mit dem er die Karriere und den Aufstieg der Jüngeren zur Sicherung seiner eigenen Bedeutung aufhalten will. Unmerklich wird er zum Gegner oder Rivalen – meist ohne etwas davon zu ahnen. Was zuvor dankbar als Anregung und Ansporn aufgenommen wurde, erscheint jetzt als unzufriedene Krittelei und Kleinlichkeit des Älteren, während in Wirklichkeit der Jüngere meist den Älteren ständig kritisiert. Der Prozeß ist für beide Seiten schmerzhaft und enttäuschend, wenn nicht begriffen wird, welchem Zweck solche Ablösungsbewegungen dienen. Das kann gelegentlich so weit gehen, daß ganze Gruppen Jüngerer in dieser Phase eine Art Verschwörungskomplott gegen ältere Vorgesetzte anzetteln mit der Idee, sie beiseite zu räumen, um auf diese Weise für die eigene Selbständigkeit Raum zu schaffen. Trifft dies den älteren Vorgesetzten und gutmeinenden Förderer unerwartet aus Unkenntnis der Entwicklungs-

92

vorgänge, so reagiert er entweder mit allerlei Verfolgungs-
ideen, die keineswegs immer unrealistisch sind, oder er wird
krank und zieht sich beleidigt zurück. Abhängig vom
Betriebsklima und den jeweils bevorzugten Management-
theorien der betreffenden Firma oder Institution, aber auch
entsprechend der Wirtschaftslage und den Wachstumsmög-
lichkeiten, geht die Tendenz dann in verschiedene Richtungen. Häufig erfolgt eine allgemeine Verjüngungskur als
Wachablösung – eine Utopie, um deretwillen Industrie, Handel und Institutionen in manchen Ländern einen hohen Preis
für die vermeintliche Kapazität jugendlicher Führungskräfte
zahlen. Die bereits kurz danach wieder erfolgende Rückkehr
zur richtigen Mischung von jung und alt beweist die Notwendigkeit der Berücksichtigung beider Perspektiven.

Abhängig von der jeweiligen Struktur erfolgt jedoch des
öfteren eine Neuverteilung der Bereiche, die dem Jüngeren
größere Entfaltung und Eigenständigkeit erlaubt. Mit diesem
Schritt wird er tatsächlich mehr sein eigener Herr, und die
frühere Mentoren- oder Vorgesetztenbeziehung kann sich
dann in eine Freundschaft mit gegenseitiger Achtung zurück-
verwandeln, wenn zuvor nicht allzu große Ungeduld unheil-
bare Zerstörung angerichtet hat.

Manche Neo-Darwinisten, gestützt auf falsche Vergleiche aus der Tierbeobachtung, mögen achselzuckend meinen, das sei der natürliche Überlebenskampf, in dem eben
nur der Stärkere das harte Ausleseprinzip überlebt. Diese
Auffassung ist aber falsch aus zwei Gründen: Nur Ratten und
Menschen töten die eigene Art. Menschen haben außerdem
die Fähigkeit, zu denken und die Konsequenzen eigenen
Handelns vorauszusehen, während die gesamte Tierwelt
ausschließlich angeborenen Instinkten folgt und keine Denk-
fähigkeit im Sinne der Reflexion eigenen Handelns hat.

Je höher Leistungs- und Konkurrenzdruck sind, desto

größer ist die Gefahr der charakterlichen Verformung auf dieser Lebensstufe, die stets in Richtung bereits seit der Kindheit vorhandener, schlummernder Bereitschaften geht. Oft stellt sich dabei dann ein krasser Widerspruch heraus zwischen den theoretischen Idealen eines bestimmten Berufes oder dem idealisierten Mythos eines Betriebes oder einer Institution und dem tatsächlichen Handeln des einzelnen im Interesse seiner Eigenständigkeit und Herrschaftswünsche. Wissenschaftler zum Beispiel, die sich im Dienste einer humanen Idee zu bemühen glauben, vernichten dann erbarmungslos die Existenz von Kollegen, Vorgesetzten oder Untergebenen im Interesse des eigenen Egoismus, während sie Ideale predigen, die das Gegenteil sind. Der Preis dafür wird mit Sicherheit später entrichtet. Die Schwierigkeit besteht auf dieser Stufe darin, das rechte Maß zwischen den eigenen, berechtigten schöpferischen Ideen, dem Durchsetzungswillen, den Eigenständigkeitswünschen und den gegebenen Realitäten zu finden, die sich aus dem Vorhandensein anderer auf der gleichen Lebensbühne ergeben. Mißlingt das, zeigt sich dann auch das Gegenteil einer mit anderen geteilten schöpferischen Produktionsfähigkeit, das Gefangenbleiben in sich selbst. Die Wahlmöglichkeiten auf dieser Stufe werden enger, denn obwohl zuvor und weiterhin die alloplastischen Fähigkeiten erweitert werden, mit denen die Umwelt verändert und zum eigenen Vorteil verwandelt werden kann, ergeben sich zunehmend Hindernisse, die von innen kommen und eine autoplastische Anpassung, nämlich Veränderungen der eigenen Person erfordern. Ein typisches Beispiel bilden technische Berufe, die, auf gegebene Außenweltbedingungen gerichtet, diese durch schöpferische Lösungen in Konstruktionen, chemischen, physikalischen, technologischen Neuentwicklungen unter ständiger Kontrolle der äußeren Realitätsdaten verändern. Das Hindernis von innen kann an jeder Stelle auftauchen, in vom Ehrgeiz bestimmten Konstruktionsfehlern, falschen statischen Berechnungen, die zur Katastrophe führen, vom Wunschdenken bestimmten Schlußfolgerungen über chemisch-biologische Wirkungen, die dann doch Schäden verursachen, die nicht vorausgesehen wurden, bei zu optimistischer Annahme über Absatzziffern in Handel und Verkauf, Mißkalkulationen von Haushaltsbudgets in staatlichen oder kommunalen Institutionen – die Zahl der Fehlermöglichkeiten ist Legion. Es gibt genügend Konkurse und Bankzusammenbrüche, die erweisen, inwieweit die Ursache in den unkorrigierten Größenideen oder unbewußt kindlich gebliebenen Resten der Persönlichkeit weniger Menschen lag, die aus inneren Motiven ihrer Lebensgeschichte die Lektion der vorausgegangenen Lebensstufen verweigerten. Daß dabei Tausende anderer Menschen und deren Vertrauen geschädigt werden, berührt den von Ehrgeiz, Rücksichtslosigkeit und Größenideen getriebenen Verursacher wenig.

Die Aufgabe dieser Lebensstufe besteht in der Fähigkeit, in der Vorwärtsbewegung zu voller Eigenständigkeit verantwortlich für Menschen und anvertraute Dinge Sorge zu tragen und durch diese Unterscheidung zwischen Fremd- und Eigeninteressen im wahrsten Sinne des Wortes sein eigener Herr zu werden. Dieser Schritt bedeutet nicht unbedingt immer sofort Selbständigkeit durch Eröffnung eines eigenen Unternehmens innerhalb der gewählten Berufsrichtung, sondern vielmehr die Übernahme eines Verantwortungsbereiches, der andere als nur technische Wissensforderungen dadurch stellt, daß gleichzeitig höhere Verantwortung für andere Menschen und deren Schicksale übernommen werden muß. Befriedigung und Freude am Beruf entstehen nur in begrenztem Maße aus arbeitsentsprechender Entlohnung, obwohl die Bedeutung des finanziellen Ausgleichs nicht unterschätzt werden darf.

Nach allen neueren Untersuchungen in den westlichen industrialisierten Ländern entsteht Zufriedenheit mit dem jeweiligen Arbeitsplatz aus dem Vergleich zwischen tatsächlicher Leistungsfähigkeit des einzelnen, seiner Entlohnung für die Arbeitsleistung und dem Schwierigkeitsgrad der Arbeit. Alle drei Faktoren können über- oder unterschätzt werden und in falsche Proportionen geraten. So führt zum Beispiel zu hohe Entlohnung für zu leichte Arbeit bei weitaus höherer persönlicher Leistungsbegabung zu einer »Federbett«-Situation, deren Konsequenzen sich dann im Privatbereich zeigen können. Umgekehrt kann eine zu geringe Entlohnung für eine zu schwere Arbeit, die zudem noch die persönliche Leistungsfähigkeit übersteigt, in einen Zusammenbruch und eine Überlastungssituation hineinführen. Hohe Entlohnung für eine Arbeit, deren Schwierigkeitsgrad die tatsächlichen Fähigkeiten des einzelnen übersteigt, erzeugt ein Inkompetenzsyndrom, das leicht zu psychosomatischen Krankheiten wie etwa Magengeschwüren, aber auch zu Herzattacken führen kann, wenn Ehrgeiz das Ausharren in dieser Lage fordert, ohne daß die ständige Angst vor dem Versagen eingestanden werden kann. Auch hier gibt es eine Fülle täglich anzutreffender, tatsächlicher Unmöglichkeiten, durch die individuelle Lebenskrisen genauso wie Krankheit, Alkoholismus, Scheidungen, Depression und Selbstmord verursacht werden können. Wir stehen erst in den Anfängen des Verständnisses dafür, welche Konflikte aus dem Gegensatz von organisatorischen Notwendigkeiten und persönlichen Bedürfnissen entstehen. Maßnahmen zur Verbesserung des menschlichen Gefüges entwickeln sich nur langsam, da zunächst hierzu eine andere Bewußtseinsebene erreicht werden muß, die nicht ausschließlich von materiellen Gewinnberechnungen bestimmt wird. Wir werden aber nicht außer acht lassen dürfen, daß die meisten Menschen acht Stunden des Tages in der Arbeitswelt zubringen, aus der heraus sie ständig Erlebnisse und Gefühle in die Beziehungen ihrer Freizeitwelt übertragen, was erheblichen Einfluß auf die Familien haben kann.

Innerhalb dieses von vielerlei gesellschaftlichen, politischen und historischen Faktoren bestimmten Netzwerkes von sich überschneidenden Interessen und Konflikten der Indu-

striegesellschaft muß der Erwachsene nicht nur die eigene
Lebensstufe der Verantwortlichkeit für seine Familie bewältigen, sondern zugleich auch bestimmen, welche Zukunft er
für sich anstreben will. Das gelingt offenbar nur wenigen
Menschen so vollständig, daß sie sich aus jeder Abhängigkeit
befreien können. In jedem Falle bleibt ein Stück gegenseitiger
Abhängigkeit innerhalb des Gesellschaftsgefüges, das auf die
Bereitwilligkeit aller Beteiligten angewiesen ist, um funktio-
nieren zu können. Streiks und Arbeitsniederlegungen beweisen die Anfälligkeit auf jedem Gebiet, das binnen Kürze
durch die eine oder andere Berufsgruppe lahmgelegt werden
könnte, die ihre jeweilige Leistung als unterbewertet empfindet. Die ideologische Versprechung der Gleichheit für alle
hält dann nicht durch, da das Bedürfnis des einzelnen sich auf
den Narzißmus der kleinen Unterschiede richtet, mit Hilfe
derer er die Einmaligkeit seiner unverwechselbaren Identität
zu bestimmen versucht. Dieses menschliche Bedürfnis, sich
von anderen in einer bestimmten Weise zu unterscheiden,
besteht auch und in nicht geringem Maße in jenen Ländern
und Gruppen, die für eine Gleichheitsideologie eintreten.
Eine Gleichheit, die möglicherweise jenseits des Lebens in
einer anderen Welt gilt, was von der individuellen Glaubens-
bereitschaft abhängt, ins Diesseits verlagern zu wollen, ist
allein deshalb ein Betrugsversuch, weil die Verschiedenheit
der Menschen und ihr persönliches Bedürfnis nach Unter-
scheidbarkeit dabei verleugnet und übersehen wird, daß völlig
verschiedene Maßstäbe der Zufriedenheit bestehen. Vielmehr zeigt die Lebensstufe des Erwachsenen, daß jeder, der
an äußere oder innere Grenzen stößt, sie entweder annehmen
muß, wenn er weder sich selbst noch seine Lebensbedingungen durch sozial mit der Allgemeinheit vereinbarte Wandlungen verändern kann, oder aber als einzelner oder im
Kollektiv an der Unüberwindlichkeit solcher innerer und
äußerer Grenzen scheitert. Hinzu kommt, daß die Maßstäbe
der Menschlichkeit und des Glückes offenbar völlig verschieden bewertet werden. »Wat dem en sin Ul, is dem annern

sin Nachtigall« ist eine Volksweisheit, deren Richtigkeit kaum zu bestreiten ist. Es fragt sich, wieweit Sozialutopien als Ersatzreligionen mißbraucht werden, weil die Realität des Lebensablaufes, die sich in tradierten Religionsformen widerspiegelt, aufgrund von Überansprüchlichkeit und Verwöhnungswünschen unannehmbar erscheint. Die Sozialutopien als Ersatzreligionen würden sich dann allerdings als das Gegenteil dessen erweisen, was sie zu sein vorgeben, nämlich als ein Ausweichversuch vor den Zumutungen der Lebensbewältigung in der Hoffnung auf ein Freifahrtticket mit dem Recht zu geringerer Bemühung. Solche Bemühungen liegen meist auf einem ganz anderen Felde, das wegen der Schwierigkeit des Geländes umgangen werden soll. Statt die von innen her sich ergebenden Entwicklungshindernisse zu bewältigen und zu überwinden, erfolgt ein Rückfall in kindliche Projektion, in der schließlich wie beim Pubertierenden die ältere Generation, das Establishment, der Staat und alle Autorität für Versäumnisse verantwortlich gemacht werden, die man selbst begangen hat. Ähnlich wie Kinder die Schuld für eigenes Ausweichen auf ihre Eltern schieben, kann dies in ganzen Gesellschaftsgruppen in der gleichen Form erfolgen, indem andere für den Mangel an eigener Verantwortungsbereitschaft haftbar gemacht werden sollen.

Erwachsensein führt jedoch unaufhaltsam in die kritische Phase der mittleren Lebensjahre, denen gegenüber alle zuvor versuchte Realitätsverleugnung versagt. Je geringer die Vorbereitung auf diesen Abschnitt in den Jahren zwischen fünfundzwanzig und fünfunddreißig ist, desto stürmischer und krisenhafter muß dieser Abschnitt verlaufen. Das gilt für beide Geschlechter, obwohl die Vorbereitungswege und Erlebnisse grundverschieden sind – und dies keineswegs aufgrund gesellschaftlicher Stereotype, sondern durch biologische Unterschiede, die nicht veränderbar sind.

In der modernen Arbeitswelt gerät der um sozialen Aufstieg bemühte Mann häufig in eine Lage, die den Hauptteil seiner Interessen und seiner Energie auf sein Berufsleben konzentriert. Neben der Notwendigkeit des Erprobens und der Weiterbildung werden ihm Aufstiegschancen als besondere zusätzliche Belastung angeboten, in der er sich bewähren muß. Die »make or break«-Mentalität, zu deutsch drastischer: »Friß oder stirb«, hat an Härte nichts eingebüßt, auch wenn die Methoden besser überzuckert werden. Es bleibt ein »Entweder-Oder«, das mit dem beruflichen Erfolg oder Mißerfolg zugleich auch über das innere Selbstwertgefühl entscheidet. Versagen entmutigt zunächst, obgleich sich aus Fehlern und Irrtümern lernen ließe. Aber nicht immer wird eine zweite oder dritte Chance angeboten. So finden sich im Berufsfeld dann oft die Frühzünder, die sich im Beginn der mittleren Jahre totgerannt haben und das Tempo nicht mehr aufrechterhalten können. Umgekehrt beginnt der langsame Spätentwickler überhaupt erst dann zu laufen, wenn sich die Umstände seiner weiteren Lebensentwicklung für ihn genügend geklärt haben. In diesem Abschnitt braucht jeder um größere Eigenständigkeit kämpfende Mann die kluge und bedachtsame Stützung durch seine Partnerin. Gerade zu diesem Zeitpunkt aber kämpfen viele junge Frauen, von dem ständigen mittleren Chaos, das kleine Kinder verursachen können, und den vielen, sich wiederholenden, monoton erscheinenden Haushaltsforderungen erschöpft, ihrerseits um ein Verständnis und Stützung von seiten des Mannes. Industrie und Geschäftswelt tun herzlich wenig, um die Krisen dieser Privatwelt zu mindern. Betriebsausflug oder Bierabend verstärken oft nur die ängstlich verborgene Misere. Entfremdung und Enttäuschung sind die häufigste Folge, die dann zu sich steigernden Ehekrisen führen kann, bis die Einsicht erreicht wird, daß die beiderseitigen Erwartungen offenbar zu hoch geschraubt waren. Die Scheidungsziffer steigt vornehmlich deshalb an, weil mit Sicherheit meist schon ein Dritter beobachtend vor dem Zaun darauf wartet, in die Lücke zu treten, freilich kaum stets für eine bleibende Partnerschaft. Unzufriedenheit schafft Möglichkeiten für Kümmerer und Diebe, wenn die Basis für eine Partnerschaft zu schmal und die Bereitschaft zum Verzicht auf der Erwachsenenstufe von vornherein zu gering war. So erweist sich das Erwachsenenalter auch als eine Bewährungs- und Stabilitätsprobe, in der von beiden Partnern gefordert wird, frühere Erwartungen und Projektionen zugunsten der Wirklichkeit fortlaufend zurückzunehmen. Kein Mann kann beruflich erfolgreich sein, wenn er bei der Heimkehr einen zweiten Panzer anlegen muß, um die zusätzliche Schlacht an der Heimatfront nach vollem Tageskampf im Beruf zu überleben. Keine erwachsene Frau kann erfolgreich vorübergehend auf die Eigenständigkeit beruflichen Erfolges verzichten und den täglichen Kleinkrieg zwischen Kindergeschrei, Staub und Dreck, Wäschebergen, Einkaufsrennen und notwendigen eigenen Interessen der Weiterbildung bewältigen, wenn sie am Abend weder Gehör noch Verständnis für ihre »Nur-Hausfrau-Probleme« findet und den Verteidigungskampf gegen Versäumnisanschuldigungen des Mannes an der Heimatfront bestehen soll. Konflikt wird irrtümlich oft als schlecht und böse bewertet. Das trifft nicht zu, solange Konflikte der Klärung dienen und konstruktive Lösungen anstreben, die in einer Ehe beiderseitige Veränderungen erfordern, genau wie im Beruf, wo nur konstruktive Kompromißbereitschaft ohne Selbstaufgabe Annäherungen und Lösungen ermöglicht. Nun ist es ein merkwürdiges Ergebnis dieser bis zur Mitte des Jahrhunderts überwiegend von Männern bestimmten Welt, daß Männer zwar bereit sind, in ihrem Berufsleben minutiöse Fünf- bis Zehnjahrespläne bis ins Detail zu entwerfen und auszuhandeln, während ihnen kaum der Gedanke kommt, daß ihre Ehe und Familie eine mindestens ebenso gewissenhafte Planung und Verständigung in gegenseitiger Abstimmung braucht, wie sie ihnen mit Berufs- und Geschäftspartnern zum Wohle des Betriebes und der eigenen Zukunft selbstverständlich sind. Mit Erstaunen und gewisser Entrüstung – »Was willst du denn, du hast doch alles!« – stellen dieselben Männer dann plötzlich fest, daß ihre Familien nicht bereit sind, die Einseitigkeit eines solchen psychologischen Vertrages hinzunehmen, der keine Partnerschaftsplanung enthält. Der unsichtbar gewordene, unerreichbare Vater wird dann zu einem ernsthaften Symptom, wenn solche Entfremdungserscheinungen Kinder dazu verleiten, in vermehrtem Maße auch arbeitssüchtig zu werden, um solchen häuslichen Schwierigkeiten auszuweichen. Der Teufelskreis ist vollendet, wenn vor lauter Arbeit keine Zeit mehr für Frau und Kinder bleibt, so daß die Entfremdung wächst, was dann wiederum zu weiterer Flucht führt. Das schlimmere Ergebnis ist die Flucht der Kinder in Drogen aus Angst vor Überforderung.

Die Balance zwischen Selbstbezogenheit und Offenheit für andere in einer Weise zu erreichen, die weitere Entwicklung ermöglicht, ist ein Grundproblem der Erwachsenenjahre. Für den Mann besteht die Selbstbezogenheit oft in einem süchtigen Rückzug auf Arbeit, während die Frau dementsprechend sich auf die Kinder und die eigene Unzufriedenheit zurückzieht. Sicher sind im Durchschnitt nach den ersten sieben bis zehn Ehejahren Glanz und Flitter abgebröckelt, aber was soll denn sein, wenn keine neue Bemühung um eine andere Gegenseitigkeit erfolgt? Bis zur Lebensmitte geht diese Arbeits- und Interessenteilung oft reibungslos gut, wenn jeder den anderen in seiner andersartigen Wirklichkeit annehmen kann und dennoch Sorge und Liebe verspürt, auch wenn der rieselnde Schauer der Liebe nicht mehr ganz so erregend ist und Gewohnheit mitunter schon zu ermüden scheint. Man weiß, daß man sich aufeinander verlassen kann, und es ist gut, daß der Mensch nicht allein sei, was nichts gegen die freie Wahl des Alleinsein-Wollens besagt, deren Gründe jeder, der diese Wahl trifft, für sich selbst entschieden hat.

Je nach Heiratsalter und Alter der Kinder beginnt es dann gegen die Lebensmitte hin leicht zu kriseln, wenn das erste Kind sich dem Schulabschluß nähert. Nicht mehr zu verleugnen ist die veränderte Lebenssituation, wenn das letzte Kind sich anschickt, das Haus zu verlassen. Hier beginnt die Krise der mittleren Lebensjahre, eine Stufe, die viele Entschlüsse, Entscheidungen und Veränderungen von uns fordert, auf die jeder sich rechtzeitig vorbereiten sollte. Leider wird es ein für alle Menschen und alle Zeiten gültiges Lebensbrevier kaum geben, obgleich dem Findigen eine zeitlose Schrift vieles enthüllen würde, was moderne Soziologie, Philosophie und Psychologie in einer anderen Sprache ähnlich auszusagen versuchen. Welches Buch ich meine? Um es mit Bert Brecht zu sagen: »Sie werden lachen – die Bibel!«

KRISEN DER
LEBENSMITTE

Bis zum Ende des dreißigsten Lebensjahres überwiegt im Leben der meisten Menschen eine den Alltag bestimmende Geschäftigkeit, die dem Erreichen kurzfristiger Zielsetzungen und der Erfüllung immer neu auftauchender Forderungen dient. Viele Menschen schaffen sich diese Situation selbst aus der Befürchtung, nicht genug zu tun zu haben, aber auch, wiel jede Arbeitsleistung und Tätigkeit uns mit anderen Menschen verbindet und dadurch unsere Existenz bestätigt. Die Furcht vor einem leeren, unausgefüllten Augenblick, in dem man plötzlich auf sich selbst zurückfallen könnte, bestimmt oft diese Aktivität, auch wenn sie damit erklärt wird, daß man hauptsächlich um weiteres Fortkommen oder bessere Lebensbedingungen kämpfen müsse. Je größer der jeweils zur Verfügung stehende Geldbetrag ist, desto mehr wachsen im allgemeinen die Wünsche, Forderungen und Ausgaben, denn der denkbare Bedarf ist stets unendlich. Als Motiv des Vorwärtsstrebens sind diese Einstellungen sicher ganz gesund, zumal heranwachsende Kinder tatsächlich größere Forderungen stellen und damit die Notwendigkeit höherer Verdienstmöglichkeiten als Begründung beweisen.

So weit – so gut, wenn es um Aufstieg oder Weiterentwicklung geht. Schließlich wird das ursprünglich angestrebte Ziel zu Beginn oder gegen Ende der dreißiger Lebensjahre doch erreicht, sei es die Beförderung, die größere Selbständigkeit und mehr Bedeutung mit sich bringt, oder seien es andere Formen der Anerkennung der eigenen Leistung und Person durch die Umgebung. Das Gefühl, es nun schließlich doch geschafft zu haben, wird dabei von mehreren Faktoren bestimmt. Im Beruf ist ein Punkt erreicht, an dem man Kenntnisse und Fähigkeiten erworben hat, die es erlauben, die täglichen Anforderungen ohne größere Ängste zu bewältigen. Im Kreis der Kollegen und Altersgenossen hat man eine bestimmte, ziemlich fest umrissene Rolle übernommen und fühlt sich verschiedenen Gruppen zugehörig, die sowohl den eigenen Interessen wie auch den Gewohnheiten förderlich sind. In der Familie sind die ärgsten Schwierigkeiten mit den kleinen Kindern überstanden. Die Partner haben sich soweit aneinander gewöhnt, daß die wechselseitigen Interessen oder Verschiedenheiten keine allzu unbekannte Größe mehr in der Partnerschaftsgleichung darstellen. Das Leben entspricht in seinen Bedingungen weitgehend den Vorstellungen und Wünschen, die am Ausgangspunkt der geplanten Existenz als Zielvorstellung beabsichtigt waren. Sie sind weitgehend verwirklicht. Eigentlich könnte man sich nun etwas zufrieden zurücklehnen, ein wenig ausruhen, vielleicht das Tempo verlangsamen und darüber nachdenken, was in den Anstrengungen des Aufstieges alles versäumt wurde oder den angestrebten Zielen geopfert werden mußte. Leider geschieht das viel seltener als die Fortsetzung der Hetzerei.

Vergleichen wir die Lebenskurve der ersten Lebenshälfte mit den nachfolgenden Jahren, so ergibt sich logisch, daß der Anstieg im Beginn viel steiler und schneller erfolgte, als es für die weitere Strecke wahrscheinlich ist. Hinzu kommt in der Lebensmitte die nicht voll eingestandene und meist verleugnete Einsicht, daß die vor uns liegende Strecke kürzer sein könnte als der bisherige Lebensweg. Verglichen mit der Durchschnittslebenserwartung vor hundert Jahren hat sich das Durchschnittsalter fast verdoppelt, so daß es nicht völlig außerhalb der Wirklichkeit liegt, mit fünfunddreißig Jahren anzunehmen, daß man das doppelte, nämlich siebzig Jahre, erreichen könnte. Es hängt jedoch weitgehend von den Erfahrungen ab, die wir bis zum mittleren Lebensabschnitt gesammelt haben, ob wir ein solch hohes Alter für wünschenswert halten. Waren die Jahre überwiegend positiv, so haben wir guten Grund zur Hoffnung und wünschen uns ein langes Leben. Haben sich dagegen negative Erfahrungen gehäuft, so wird es durchaus zweifelhaft, ob eine Verlängerung dieses Lebens erstrebenswert erscheint. Dabei müssen wir uns darüber klar werden, daß die jeweilige Perspektive zu uns selbst und zum Lebensablauf nicht nur von außen, sondern auch von innen her bestimmt wird. Die alte Volksweisheit: »Wie man in den Wald hineinruft, so schallt es heraus« trifft hier genauso zu wie der Kindervers: »Was Hänschen nicht lernt, lernt Hans nimmermehr.« Die wissenschaftliche Psychologie hat eigentlich nur in anderen Begriffen und in genauerer Einzelbeschreibung bestätigt, was längst zuvor volkstümliche Erkenntnis und Erfahrungsgut war, nämlich die Schwierigkeit, Vorurteile auf der Gefühlsebene zu überwinden und in späteren Jahren neu zu lernen, sowie die Tatsache, daß wir sehr oft durch unser eigenes Verhalten Reaktionen in anderen Menschen hervorrufen, die dann unser weiteres Leben bestimmen.

Von vornherein müssen wir unterscheiden zwischen zwei verschiedenen Möglichkeiten: Die Übergangsphase der mittleren Jahre kann völlig ruhig verlaufen und zu einer inneren Bereicherung und wachsenden Reife führen. Sie kann andererseits krisenhaft von großer Unruhe begleitet sein, zu Zusammenbrüchen, plötzlichen Änderungen und heftigen Auseinandersetzungen in Familie und Beruf führen, die nicht immer glücklich enden. Die psychologische Forschung hat daher neuerdings die mittleren Lebensjahre auch mit den schmerzlichen Reifungskrisen der Adoleszenz verglichen, in denen es zu ähnlichen Erscheinungen kommt. Der verschiedenartige Entwicklungsverlauf dieser Lebensstufe hängt weitgehend davon ab, wieweit eine *Vorbereitung* auf die zu erwartenden Veränderungen erfolgt ist. Wird diese notwendige Vorbereitung versäumt, vernachlässigt oder übersehen, so kommt es nicht nur zu plötzlichen Krisen, sondern gelegentlich zu ernsthaften Katastrophen, die lebensgefährlich werden können.

Diese Klärung ist im voraus notwendig, da gewiß manche Menschen in der Lebensmitte niemals Beunruhigung oder verwirrende Krisen erlebt haben, sondern eher das Gegenteil, eine ruhige, glückliche Entwicklung, die sie in ihrer Partnerschaft und im Berufsleben nur bereichert hat. Leider verläuft für die Mehrheit der heutigen Zeitgenossen die Übergangsphase von der Mitte der dreißiger Jahre bis Mitte oder Ende vierzig in zunehmender Turbulenz.

Das hat vielseitige Gründe. Betrachten wir zunächst die Entwicklung des Mannes, die in vieler Hinsicht jedoch auch für die berufstätige Frau zutrifft, obwohl sich im einzelnen dabei wichtige Zeitverschiebungen ergeben. Es ist nicht ungewöhnlich, daß ein Mann nach erfolgreichem Aufstieg im Berufsleben seinen Ehrgeiz beibehält und nach weiteren Möglichkeiten Ausschau hält. Hat er jedoch endlich nach erheblichen Mühen die angestrebte Ebene des Erfolges erreicht, so muß er erkennen, daß er sich zwar auf einer höheren Ebene als zuvor befindet, jedoch weit und breit keine allzu hohen Gipfel mehr zu erblicken sind, die das Kletterbedürfnis und seinen auf Höheres gerichteten Sinn fordern würden. Vielmehr ist es eine milde, etwas hügelige Landschaft ohne viel Gefälle, wenn nicht eher eine Art langweiliger Sandwüste täglichen Gleichlaufs. Die tückischen Abgründe und Löcher, in denen man plötzlich verschwinden kann, werden im ersten Stolz über die erreichte Höhe meist übersehen, bis man hineingefallen ist. Nehmen wir also an, daß ein gewisser Gleichlauf, Monat um Monat, Jahr um Jahr, unterbrochen von Urlaubserlebnissen, die nicht immer besonders aufregend sind, allmählich ein unbestimmtes Gefühl des Unbehagens und gelegentlich der Langeweile auslöst. Wenn alles genau voraussehbar geregelt ist, einschließlich des Tageslaufs bis zum Bier am Fernsehapparat und den immer wiederkehrenden, gleichen, durchaus zuverlässigen Freunden, dann entsteht trotz allen Stolzes über die herrliche Ordnung leicht auch die Frage: Wie wird es weitergehen? Was kann ich tun, damit ich zufriedener werde? Denn untergründig besteht eine kaum geahnte Unzufriedenheit, obwohl alles völlig in Ordnung scheint. Welche Abwechslung brauche ich, um nicht

von der Langeweile überfallen zu werden, die mich beunruhigt, wenn nichts geschieht und wenn ich einen einsamen
Augenblick habe? Wiederum wird mancher protestieren: Bei
mir gibt es keine Langeweile! Ich habe im Beruf genug zu
tun und kann über Mangel an Abwechslung oder Aufregun-
gen kaum klagen. Außerdem habe ich meinen Garten, mein
Hobby; meine Kinder und meine Frau sorgen bestimmt für
genügend Überraschungen. Das ist sicher richtig für viele
Menschen, die im Beruf oder in ihrer Freizeit überschüssige
Energien produktiv umsetzen und in die richtigen Kanäle
leiten können. Oft wird dennoch eine verleugnete, innere
Unzufriedenheit in die Außenwelt projiziert, wie es dann in
vielfachen Klagen über die Arbeit, die Kollegen, den Betrieb,
die Ehefrau, die Schwiegermutter oder die Kinder zum Ausdruck kommt. »Stöhnen gehört zum Geschäft!« sagt der
Volksmund und bestätigt, daß wir eher dazu neigen, unsere
Unzufriedenheiten mitzuteilen als unser Glück, vielleicht,
weil wir fürchten, zuviel Glück und Zufriedenheit könnten
den Neid anderer erregen oder würden gefährdet, wenn wir
nicht gleichzeitig in unseren Klagen auch einen sichtbaren
Preis dafür zahlen.

Mit der Frage »Wie geht es nun weiter?« wird zugleich
ein Rückblick ausgelöst: »Wie bin ich eigentlich hierher-
gekommen – an diese Stelle meines Lebens? Ist das, was ich
erreicht habe, wirklich in Übereinstimmung mit dem, was ich
damals wollte, als ich viele Pläne und Träume hatte?« Wir
sehen hier die Verbindung mit der Adoleszenz deutlicher,
denn in den Reifungsjahren hatten wir eine Traumvision des
erwünschten Lebens. Nun vergleichen wir die Realität des
Alltags mit diesen früheren Vorstellungen von uns selbst und
der eigenen Zukunft. Entspricht unsere Wirklichkeit weitgehend diesen Vorstellungen, so könnten wir zufrieden sein
und unser Leben in der gleichen Richtung weiter entwickeln.
Leider ist dies nur selten der Fall, denn die Antwort der meisten Zeitgenossen beginnt mit dem Satz: »Eigentlich wollte

ich ja ...«, und dieses »eigentliche« Wollen enthält andere Vorstellungen und Wünsche, die sich oft von der gelebten Wirklichkeit erheblich unterscheiden. Deshalb sollte jeder Mensch in den mittleren Lebensjahren, Frau und Mann, folgenden Selbstversuch unternehmen: An einem ruhigen Wochenende sollte man sich an einen Tisch setzen, um ungestört für sich selbst eine Liste dessen zu erstellen, was man als vorrangig und bedeutsam für den weiteren Verlauf des Lebens ansieht. Das kann die nächsten fünf oder zehn Jahre umfassen und sollte unterteilt werden in die Bereiche Beruf, Familie und Freunde. Ist diese Liste der Prioritäten für die Lebensziele erstellt und haben wir einigermaßen klar für uns selbst festlegen können, was uns vorrangig erscheint und was wir wollen, stecken wir diese Liste in einen Umschlag und verschließen ihn. Nach vier Wochen beginnen wir eine neue Liste anhand des Kalenders zu erstellen, die genau Stunde um Stunde und Tag für Tag für die Dauer von zwei Wochen registriert, wie, wo und mit was wir unsere Zeit tatsächlich verbracht haben. Nun können wir den Umschlag nach zwei Wochen wieder öffnen und die beiden Listen ruhig miteinander vergleichen, nämlich wie wir unsere unwiederbringliche Zeit wirklich verwenden und was unsere Lebensziele im Alltag sind, wie das, was wir möchten, aussieht im Vergleich zu dem, was wir tun. Die Gegensätze werden einiges Erstaunen hervorrufen, und die Einsicht mag schmerzlich sein, daß wir in der Tat überwiegend das Gegenteil dessen tun, was uns wichtig erscheint. Aber das ist nicht ungewöhnlich. Es stellt schon einen weiteren Fortschritt dar, wenn beide Ehepartner, zunächst jeder für sich, diese beiden Listen erstellt haben, um sie dann offen miteinander zu vergleichen. Die Unterschiede oder Übereinstimmungen der Lebensziele und Interessen können durchaus zu einer realistischen Verhandlungsbasis für einen erneuerten, psychologischen Ehevertrag werden, der um die Lebensmitte herum ohnehin dringlich notwendig ist, wenn die Ehe nicht auf die Dauer an den unterdrückten und ungelebten wie ungeklärten Inhalten scheitern soll.

Dies ist jedoch nur ein Weg der Vorbereitung auf die unweigerlich notwendige Auseinandersetzung mit sich selbst, die diese Lebensstufe für jeden Menschen mit sich bringt, nicht etwa nur für den berufstätigen Mann.

Wir haben dieses Beispiel nur deshalb gewählt, weil die Mehrheit unserer Bevölkerung – auch wenn die Ehepartnerin berufstätig ist – die Aufgaben des Haushaltes und der Kindererziehung weitgehend der Frau überläßt, was nur zum Teil Zufriedenheit mit sich bringt. Wir können aber nicht übersehen, daß im allgemeinen Frauen ein anderes Verhältnis zur Wirklichkeit haben als Männer – eine Tatsache, die besonders in den mittleren Jahren deutlicher wird, wenn sich der Mann zuvor in dem häufigen Irrtum befunden hat, er vertrete allein die Forderungen der Wirklichkeit, weil er der Hauptverdiener sei.

Die hier angebotene Hilfe zielt aber auf mehr ab als auf eine Erstellung von Listen der Lebensziele. Diese Lebensstufe fordert ein Innehalten und die Rückbesinnung auf jene ursprünglichen Vorstellungen der eigenen Identität, die zum Teil unterwegs abhanden gekommen sind und vergessen wurden. Mit dem beginnenden vierzigsten Lebensjahr kann kein Erwachsener mehr verleugnen, daß er sowohl die eigenen Schwächen und Stärken recht genau kennt wie auch die seines Lebenspartners. Die Schwierigkeiten bestehen meist darin, daß man zwar die Schwächen des Partners genau sieht, die eigenen aber weniger gerne anerkennen will. Diese Erkenntnis über die eigene Person und über den Partner wurde in fortlaufendem Vergleich mit anderen gewonnen, die uns ständig auf der Lebensstrecke begegnen. Auch wenn man es nicht wahrhaben will, beide Partner wissen genau, was sie am anderen und an sich selbst mögen und was sie im Grunde nicht ausstehen können, weil es ihnen im Verlaufe der Partnerschaft zunehmend auf die Nerven ging. Genaueres Hinsehen ergibt, daß wir einiges davon allerdings schon wußten, als wir die Partnerwahl oder die Berufsentscheidung trafen. Wir haben es damals nur vernachlässigt und übersehen in der Annahme, daß wir uns daran gewöhnen oder es überwachsen würden.

Ein kurzes Bespiel mag einen der typischen Konflikte der mittleren Jahre besser klären als alle Theorie:

Erwin ist ein Sparkassendirektor, der befürchtet, alt zu werden, obwohl er gerade erst das neununddreißigste Lebensjahr erreicht hat. Er bemerkt zunehmenden Haarausfall und kauft sich in der Furcht, mit einer Glatze zu alt zu erscheinen, nach vergeblichen Versuchen mit verschiedenen Haarwuchsmitteln schließlich eine Perücke. Er wuchs in einer komplizierten Ehe eines stadtbekannten, hochverdienten Vaters auf, in der er als zweiter Bruder hauptsächlich Schwierigkeiten mit einer temperamentvollen, launischen Mutter hatte, die ihre gelegentlichen Stimmungsschwankungen mit erhöhtem Alkoholgenuß zu überwinden suchte. Der ältere Bruder ist Bankdirektor in der gleichen Stadt und hat Erwin zu seiner jetzigen Position verholfen. Erwin sucht Rat mit folgendem Problem: Er fürchtet, im Beruf nachzulassen, während er in seiner Ehe zunehmend Schwierigkeiten hat.

Julia, seine Frau, fünfunddreißig, hat nach munteren Jugendjahren plötzlich im Anfang ihres dreißigsten Lebensjahres eine Art religiöses Bekehrungserlebnis gehabt und ist nun voll damit beschäftigt, für ihre neue Religionsgemeinschaft wichtige Dienste zu leisten. Die Kinder sind im Alter von zwölf und acht Jahren und verbringen den größten Teil des Tages in einer Ganztagsschule.

Vor sechs Jahren, mit dem Eintritt des ersten Kindes ins Schulalter, starb Erwins Vater und ein Jahr danach Julias Vater. Beide Partner versichern wortreich, daß ihre Ehe in jeder Hinsicht, vor allem aber im sexuellen Bereich, glücklich und erfüllt sei. Nur ist Erwin ärgerlich, daß Julia soviel Zeit mit ihren Freunden aus der Religionsgemeinschaft verbringt, und Julia kann nicht verstehen, daß Erwin ungeduldig wird, wenn sie diese Freunde laufend als Gäste im Haus hat. Vielmehr glaubt sie fest, Gott sei auf ihrer Seite und Erwin müsse sich nur genau wie sie auch bekehren, dann sei alles in bester Ordnung. Erwin fühlt sich durch diesen Gewißheitsanspruch seiner Frau unterdrückt, denn was kann er machen, wenn Gott auf ihrer Seite ist? So beginnt er zu phantasieren, welchen Weg aus dieser Situation er finden könnte, spricht aber nicht mit Julia darüber. Zunächst fällt er auf seine Studentenjahre zurück, in denen er keine große Verantwortung zu tragen hatte und die Wochenenden hauptsächlich damit verbrachte, den verschiedensten Mädchen nachzujagen. Er beginnt sogar, in seinem Betrieb junge Frauen und Mädchen einzustellen, bei deren Anblick er ständig beunruhigende sexuelle Phantasien hat, die ihn vom Arbeiten abhalten und bei der Konzentration stören. Nur das enge Kleinstadtleben und die Angst vor einem Skandal halten ihn davon ab, solche Phantasien zu verwirklichen. Seine zunehmenden Zweifel, wie weit Julia noch für ihn als Partnerin erreichbar ist, wenn sie ihm hauptsächlich religiöse Vorträge hält, führen zu einer fortschreitenden Depression mit schließlich zunehmenden, ernsthaften Selbstmordgedanken, die ihm Angst machen, weil er sie nicht mehr verdrängen kann. Schließlich grübelt er darüber, wie er durch einen Unfall wenigstens die Kinder sichern könnte, ohne daß jemand entdecken kann, daß es sich insgeheim um einen Selbstmord handelt.

Erwin weiß schließlich keinen Ausweg mehr, und inmitten dieser depressiven Spannung explodiert er in furchtbarem Ärger im Beisein der Kinder, als Julia wieder einmal das Hausieren für die Religionsgemeinschaft am Abend für wichtiger hält als die Familie und Erwin mit den Kindern allein gelassen hat. Julia weiß nach diesem Ausbruch kein anderes Mittel, als Erwin für verrückt zu erklären, betont aber gleichzeitig von neuem, daß er eben nicht genügend Vertrauen zu ihrem Gott habe, was Erwin um so wütender macht.

Um die Geschichte abzukürzen: Erwin hat schließlich lernen müssen, doch ein erwachsener Mann zu werden, der nicht in Studentenphantasien zurückflüchten kann, und sich gegenüber Julias verdeckten Wünschen, ihn zu beherrschen, auch um der Kinder willen, besser zu behaupten und durchzusetzen. Julias Entwicklung verlief etwas kritischer, denn nur an einigen überraschenden Ereignissen begriff sie den unbewußten Abwehrcharakter ihrer unechten Religiosität. Auf einer Reise, während Erwins vorübergehender Abwesenheit, wurde sie von mehreren Männern wiederholt umschwärmt und erhielt eindeutige sexuelle Angebote, denen sie zu ihrer eigenen Überraschung nur mit Mühe widerstehen konnte. Schließlich geriet sie in eine unzweideutige sexuelle Situation, in der ihre eigenen Wünsche so stark wurden, daß sie sich nur mit äußerster Not durch Flucht retten konnte, danach aber einige Überlegungen über die Echtheit ihrer religiösen Überzeugung anstellen mußte.

Das Beispiel zeigt, wie beide Partner eine bestimmte, vor sich selbst verleugnete Haltung an den anderen delegieren, um einen Reifungsschritt zu vermeiden, aber auch um sich gegenseitig besser beschuldigen zu können. Julias unbewußte Neigung, ähnlich wie in jüngeren Jahren mehrere Verhältnisse einzugehen, die sie mit pseudoreligiöser Bekehrung abzuwehren versuchte, um Erwin besser beherrschen zu können, erschien schließlich offen in Erwins sexuellen Phantasien, die ihn von der Arbeit abhielten. Obwohl Erwin als der unsichere, unschlüssige und unreife Mann erschien, war es in Wirklichkeit Julias unbewältigter Anteil ihrer Selbstverantwortlichkeit, der in Erwins Verhalten zum Ausdruck kam, Julia jedoch bis zu dem Zwischenfall unbewußt blieb. Durch ihre Allmachtshaltung, gleichsam mit Gott auf ihrer Seite, hielt sie sowohl die eigenen Triebbedürfnisse wie auch Erwins

Männlichkeit in Schach, so daß Erwin nach außenhin fast weiblich und nachgiebig erschien. Gleichzeitig aber fürchtete sich Julia vor Erwins Gewalttätigkeit, die sie unbewußt selbst fortwährend provozierte und im Grunde sich vor allem deshalb wünschte, um in ihm das Urbild eines strengen, tyrannischen und strafenden, gefährlichen Vaters wieder herzustellen, der ihre Kindheit beherrscht hatte.

An diesem Beispiel wird ersichtlich, wie zwei Partner, in kunstreicher Verleugnung der Realität scheinbar glücklich und harmonisch, mit sich fortsetzendem Intimleben und Geschlechtsverkehr, so einfach dahinleben, während in Wirklichkeit das Lebensgebäude für beide bereits in allen Fugen kracht und einzufallen droht. Mit dem Übergang des zweiten Kindes in die Schule entstand bereits zwei Jahre vor der offenen Krise eine innere Leere, die nur durch ehrliche Konfrontation hätte ausgefüllt werden können. Versäumnisse auf beiden Seiten führten schließlich zu dem Verharren und dem Rückfall in jugendliche und kindliche Phantasiehaltungen, mit Hilfe derer die Realität des Älterwerdens und die damit verbundene größere Verantwortungsbereitschaft für die eigene Entwicklung erfolgreich verleugnet werden konnten.

Mit dem Wachstum und der Verselbständigung der Kinder fallen beide Ehepartner regelmäßig gleichsam aufeinander zurück, obgleich die Kinder und deren Probleme zuvor häufig das einzige noch verbleibende Bindeglied zwischen den Partnern darstellten, wenn durch Einseitigkeiten der Entwicklung bereits eine Entfremdung entstanden war. Merkwürdigerweise führt diese Krise zu zwei entgegengesetzten Ausgangsformen: Entweder beide Partner finden völlig neu zueinander zurück, und es entsteht so etwas wie zweite Flitterwochen, wenn die Kinder nicht mehr ständige Anforderungen stellen, durch die die Eltern in der eigenen Intimität oft zu kurz kommen. Oder die Entfremdung wird als so unheilbar erlebt, daß Trennung oder Scheidung die Folge sind.

Letzteres muß keineswegs erfolgen, wenn beide Partner, aber auch die Allgemeinheit mehr über die inneren Gesetzlichkeiten dieser Lebensstufe wüßten und sich darum bemühten. Die Aufgabe besteht zunächst darin, sich selbst ehrlich und vollständig mit allen Schwächen, Stärken, Versäumnissen, Verschulden, Irrtümern und Fehlern so zu sehen, wie man wirklich ist – ohne jede weitere Selbsttäuschung. Erst dann, nach einer solchen, freilich oft schmerzhaften Bestandsaufnahme, sind Ansätze zu Änderungen möglich, die den weiteren Lebensweg bestimmen können. Um diese Aufgabe lösen zu können, bedarf es eines wahrheitsgetreuen Spiegels, der nichts verzerrt oder beschönigt, was in der Selbstbespiegelung meist unterschlagen oder übersehen wird. Der Lebenspartner könnte sicher einen Teil dieser Aufgabe übernehmen, jedoch nur dann, wenn genügend Vertrauen in seine Fähigkeit und Bereitschaft besteht, die gleiche Bestandsaufnahme auch bei sich selbst vorzunehmen. Andernfalls fangen sich beide Partner im Schutzmechanismus der gegenseitigen Projektionen, die wohl oder übel in gegenseitigen Anschuldigungen enden, wer was verursacht und mit was zuerst angefangen hat.

In diesem Zusammenhang wird ein bedeutsames Motiv für solche Fehlentwicklungen oft übersehen. Der streng verheimlichten Angst des Mannes in den mittleren Jahren, seine jugendliche sexuelle Potenz zu verlieren, entspricht die schon etwas früher einsetzende Befürchtung der Frau, ihre erotische Anziehungskraft einzubüßen und den Mann an jüngere, scheinbar verlockendere Frauen zu verlieren. Diese beiderseitigen Ängste sind jedoch nur das vordergründige Abbild einer tieferliegenden Lebensangst: Es muß eine Art Kehrtwendung vollzogen werden, in der man, oft veranlaßt durch den Verlust eines oder beider Elternteile, sich bewußt macht, daß man aufgehört hat, Sohn oder Tochter zu sein, und damit endgültig Abschied von Jugend, Kindheit und jüngeren Lebensjahren nehmen muß. Es gibt plötzlich niemanden mehr über uns, auf den wir uns berufen oder bei dem wir

Schutz, Hilfe, Rat oder auch kritische Korrektur finden könnten. Vielmehr sind wir endgültig ganz allein, nicht nur für uns selbst, sondern auch für die Entwicklung des Partners und der Kinder verantwortlich, die wir durch eigenes Verhalten fördern oder behindern und blockieren können. Diese Wende ist keineswegs leicht zu vollziehen, und wir können eher die vielerlei unbewußten Widerstandshaltungen beobachten, die sich in höchst irrationaler Weise gegen sie richten.

Ich erinnere mich an eine Mutter, die ihre zwölfjährige Tochter ständig in zu kurzen Kinderröckchen herumlaufen ließ, in der absurden Vorstellung, man würde sie selbst für jünger halten, wenn ihre Tochter noch kindlich erscheine. Nicht ungewöhnlich ist die Tendenz von Vätern, in ungeschickter Weise mit den heranwachsenden Schulfreundinnen der eigenen Tochter zu flirten. Es gibt auch Mütter, die stellvertretend für die Tochter mit deren Freund oder Verlobtem tiefsinnige Gespräche führen oder auch offen flirten, ohne sich bewußt zu werden, daß sie nicht nur mit der eigenen Tochter rivalisieren, sondern sich insgeheim Ersatzflitterwochen verschaffen möchten. Oft gestehen Frauen sehr viel später ein, daß sie die Partnerwahl der eigenen Tochter beeinflußten, weil der junge Mann eigene Erinnerungen in ihnen und mitunter sogar ängstlich verheimlichte, aber doch spürbare sexuelle Phantasien oder Erregung bei ihnen auslöste. Die häufige Ablehnung oder Abweisung von Freunden oder Freundinnen der eigenen Kinder durch die Eltern beruht nicht selten auf solchen unbewußten sexuellen Phantasien der Eltern, die sich gleichsam unwissend ein Sexualleben aus zweiter Hand verschaffen. Überwiegt jedoch der Sexualneid, so werden die Partner der Kinder rundweg abgelehnt, nicht etwa, weil sie unannehmbar wären, sondern weil die eigenen Vorstellungen der Eltern im Wege stehen. Viele Erwachsene sind sich dabei nicht bewußt, daß damit eigentlich eine Ur-Szene wiederbelebt wird, nämlich ihre eigenen Kinder-Phantasien über die sexuellen Beziehungen ihrer Eltern. Diese

Inhalte werden dann in der Lebensmitte in umgekehrter Richtung auf die eigenen, heranwachsenden Kinder projiziert, um deren Sexualleben die Eltern besorgt sind, ohne zu bemerken, daß eigene frühere Vorstellungen über die Intimität ihrer eigenen Eltern mit einfließen. Die Erkenntnis, daß die eigenen Kinder ein Stadium der sexuellen Reife erreicht haben, in dem Zeugung möglich ist, wird nicht selten zunächst mit der Warnung der Eltern beantwortet, daß sie auf keinen Fall bereit seien, für ein uneheliches Kind aufzukommen, obwohl diese Frage für die Tochter oder den Sohn überhaupt nicht zur Debatte stand. Das geht schließlich bis zur angedrohten Verstoßung, während es gleichzeitig an vernünftigen Gesprächen und Hilfen für die Partnerbeziehung der Kinder fehlt.

Die mittlere Lebensstrecke ist deshalb so viel schwieriger zu verstehen, weil sich ständig mehrere Erlebnisebenen überschneiden, die im unbewußten Gefühlsleben eng miteinander verflochten sind. Betrachten wir die Rolle des Erwachsenen im Umgang mit der nächsten Generation der eigenen Kinder und deren Freunden, so können wir nicht umhin festzustellen, daß viele Erwachsene ständig Vergleiche mit der eigenen Kindheit und Jugend und mit ihrem Verhältnis zu den eigenen Eltern oder Lehrern herstellen. Obgleich diese Erlebnisse dann meist dreißig bis vierzig Jahre zurückliegen, in denen erhebliche gesellschaftliche, historische und technische Veränderungen eintraten, überwiegt doch die Annahme, daß die nächste Generation nicht viel anders sei als die eigene. Das trifft zwar objektiv keineswegs zu, erleichtert aber dann die Verurteilung der jüngeren Generation, da auch mit dem Quadrat der Entfernung von Kindheit und Jugend alle unlustvollen Erinnerungen der Erwachsenen verdrängt werden und meist nur ein überidealisiertes Bild zurückbleibt.

Weitaus ernster ist die Frage des ungelebten Lebens der Eltern. Die heranwachsenden Kinder erspüren unbewußt gleichsam die unterdrückten Anteile des elterlichen Lebens. Identifizieren sie sich damit, so werden sie leicht zu Delegierten des ungelebten Lebens der Eltern. Die gleichen Eltern sind jedoch dann enttäuscht und entrüstet, wenn ihre Kinder plötzlich davonlaufen, weil sie sich die eigene heimliche Phantasie, davonlaufen zu wollen, nicht eingestehen können, die genau den gleichen Inhalt hat. »Das ist ja zum Davonlaufen ...« bezieht sich entweder auf die Ehe oder auf den Beruf oder eine andere unbequeme Situation, der man entrinnen möchte. An dieser Stelle trifft häufiger als auf anderen Lebensstufen die Aktion des Kindes mit den ungelösten elterlichen Problemen auf deren Lebensstufe zusammen. Das Kind agiert dann nur aus, was die Eltern aufgeschoben haben, zwingt diese aber unbewußt durch die so herbeigeführte Familienkrise, den eigenen Rückstand aufzuarbeiten. Es ist wichtig, diese unbewußte Bindung der Kinder an die unterdrückten oder unerledigten Elternkonflikte klar zu sehen, denn aus dieser für die heranwachsenden Kinder nur schwer lösbaren Bindung ergibt sich ein Bild dessen, was die Eltern konkret ihrerseits auf dieser Lebensstufe lernen und bewältigen müssen, um ihre Kinder zu sich selbst und der eigenen Reifung freizugeben, die allzu leicht durch aktive oder passive Elternbindung verhindert wird. Die bewegte Klage vieler Eltern über das vorübergehende Fehlverhalten heranreifender Kinder ließe sich dann viel einfacher beantworten, wenn die Eltern sich selbst im Spiegel der Aktionen ihrer Kinder erkennen könnten, über die sie klagen. Wir nehmen das deshalb meist nicht ernst genug, weil wir uns auch hier des Abwehrmechanismus der Projektion auf das Kind bedienen, um der notwendigen Auseinandersetzung mit unserer eigenen inneren Wirklichkeit zu entgehen.

Die Krise der Lebensmitte hängt auch weitgehend davon ab, wie weit wir auf dem vorausgehenden Teil der Lebensstrecke nur mit oberflächlichen und vorläufigen Lösungen zufrieden waren, die uns erlaubten, unangenehme Inhalte zu verdrängen und ernstere Lösungen weiterhin aufzuschieben. Je länger solcher Aufschub erfolgt, desto heftiger bricht dann die Flut der aufgeschobenen und verleugneten Konfliktinhalte plötzlich durch, so daß kein Ausweichen mehr möglich ist. Daher liegt der Hauptgrund für krisenhafte Zusammenbrüche der mittleren Jahre in einer zu lange fortgesetzten Selbsttäuschung, mit Hilfe derer Einsichten in die Wirklichkeit und die Wirkungen des eigenen Verhaltens aufgeschoben wurden zugunsten einer Scheinidentität, die sich an dieser Stelle dann endgültig als unecht erweist. Die Frage der Echtheit wird nicht nur in der Partnerschaft besonders aktuell, obgleich sie dort wegen der größeren Nähe und geringeren Distanz eine entscheidende Bedeutung hat. Auch im Berufsleben erweist sich in der Lebensmitte, ob wir uns nur hinter einem Amt oder einer Rolle verborgen haben, oder ob wir als Person gereift sind und die uns zugewiesene Rolle tatsächlich erfüllen. Je kindlicher und unentwickelter unser Selbst blieb, desto notwendiger wird es, sich hinter dem Amt oder der Rolle zu verbergen, während zugleich die innere Angst wächst, diese Inkompetenz und Unreife könne zum Vorschein kommen. Der Versuch, durch immer höhere und strengere Forderungen an Kinder oder Untergebene oder gar an die Gesellschaft diesem eigenen Entwicklungsmangel zu entgehen und ihn verbergen zu können, vergrößert nur die Angst. Der Konflikt zwischen Ehrgeiz, Geltungswünschen und Idealansprüchen auf der einen und dem ängstlich vor anderen verborgenen Wissen um die eigene Unvollkommenheit, Begrenztheiten oder den Mangel an wirklicher Kompetenz auf der anderen Seite muß jedoch auf dieser Stufe gelöst werden. Geschieht dies nicht, so ist der Zusammenbruch zu einem späteren Zeitpunkt vorauszusehen. Die oft verzweifelte Lebenskrise entwickelt sich zwischen den entgegengesetzten, extremen Polen von echter Integrität und krampfhafter Unechtheit. Wir kennen die Parallele mit der früheren Lebensstufe der Reifungsjahre, auf der wir uns entweder dafür entscheiden, mit allen Konsequenzen wir selbst zu sein,

119

oder Gefahr laufen, uns ständig nach anderen richten zu wollen und damit jede echte Eigenständigkeit zu verlieren. Es ist aber gewiß äußerst schmerzhaft und nahezu vernichtend, plötzlich an einer unausweichlichen Lebenssituation einsehen zu müssen, in welchem Ausmaß die eigene Feigheit oder Überängstlichkeit echte Selbstbehauptung und Entwicklung verhindert hat, die nun nachgeholt werden muß.

Die typische Frage von Eltern der mittleren Lebensjahre, die Schwierigkeiten mit ihren Kindern haben, unterscheidet sich nicht sehr von der Frage des Erwachsenen, der vor beruflichen Schwierigkeiten oder vor einer Ehekrise steht: »Was habe ich in der Vergangenheit falsch gemacht?« Obwohl diese Frage in sich selbst unrichtig ist und entweder zu aggressiver Schuldverschiebung auf andere oder zum übersteigerten Schuldvorwurf gegen sich selbst und damit nicht selten zur Depression führt, wird in jedem Falle an dieser Stelle des Lebens die Vergangenheit lebendig und muß bearbeitet werden. Das zeigt sich nicht nur in allerlei Traditionen wie etwa Klassentreffen nach zwanzig Jahren oder Reisen an die Stätten der Kindheit und Jugend – soweit das bei offenen Grenzen in Europa noch möglich ist –, sondern vor allem im spontanen Auftauchen von Erinnerungen. Selbst als Massenmode deutet Nostalgie auf diese geheime Suche nach der verlorenen Vergangenheit, wiewohl die wirkliche, notwendige Suche in ihrer Richtung damit von innen nach außen verlagert wird. Die Entwicklung einer echten Zukunftsvision für die verbleibende Lebensstrecke wird unmöglich ohne diese Konfrontation mit der eigenen Vergangenheit und die Herstellung einer lebendigen Verbindung zwischen dem Hier und Jetzt und dem Dort und Damals. Die frühere Frage der Reifungsjahre »Wer bin ich?« kehrt damit auf dieser späteren Lebensstrecke wieder, die allerdings kein Ausweichen in eine Scheinidentität mehr erlaubt. Vielmehr wird der Unterschied von Schein und Sein äußerst schmerzlich und unabweisbar erlebt. Die damit verbundene Niedergeschlagenheit scheint gesund, auch wenn sie gelegentlich unrichtigerweise als Depression diagnostiziert und vergeblich mit Pillen zu heilen versucht wird. Vielmehr führt die Niedergeschlagenheit zu einer Einsicht und einem neuen Wirklichkeitsbewußtsein, das zur Bewältigung zukünftiger Lebensstufen unabdingbar ist. Aussagen wie »Da habe ich also dreißig Jahre lang geglaubt, ich sei . . .« oder »Dann ist ja alles falsch, was ich bisher gelebt habe oder von mir geglaubt habe . . .« oder »Ich habe begriffen, daß ich endlich erwachsen werden muß . . .« sind keineswegs selten, aber die Ent-Täuschung beendet zugleich die Selbsttäuschungen, mit denen man sich vielleicht doch noch über die Lebensmitte hinübermogeln wollte. Damit verringert sich auch die Angst, die ja ständig darauf bezogen war, daß irgend jemand schließlich dieses Mogeln entdecken würde.

Freilich geht das nicht so einfach vor sich, daß` eine plötzliche, einmalige Einsicht die totale Umkehr herbeiführt. Dafür sorgt schon das Verhalten der anderen, die uns natürlich vor allem deshalb in einer bestimmten Rolle halten möchten, weil sie sonst auch gezwungen wären, sich zu ändern und ihre Lebensweisen und -einstellungen zu korrigieren.

Am deutlichsten wird das etwa, wenn ein Alkoholiker aufhört zu trinken und seine Freunde ihn ständig dazu überreden wollen, doch wieder von neuem zu beginnen. Häufiger ist, daß die Ehefrau durch ihre Zweifel und ihr Mißtrauen nicht bemerkt, wie sehr sie den Mann unbewußt wieder in die alte Rolle des Alkoholikers bringen möchte, damit sie überlegen sein kann und ihm ihre Hilfe anzubieten vermag. Das ist nur eines der vielen Beispiele, wie wir ständig auf Widerstände in unserer Umgebung treffen, denn jede Änderung, die wir in unserem Verhalten und unserer Lebenseinstellung vornehmen, zwingt letztlich unsere Mitmenschen – auch die nächsten –, eine eigene Änderung vorzunehmen. Mancher ergreift daher die Flucht, um diese eigene Wandlung zu vermeiden, die sich aus einer veränderten Beziehung ergeben würde.

In den mittleren Lebensjahren verlieren wir ganz schnell eine Reihe von Freunden, wenn wir in der Auseinandersetzung mit uns selbst uns so ändern, daß die frühere Art der Beziehung leer wird. Das hat größere Bedeutung für die Partnerschaft, denn auch hier leistet jeder Partner auf seine Weise Widerstand gegen Veränderungen aus Angst, sich dann selbst auch ändern zu müssen. Am schnellsten wird das sichtbar, wenn ein Ehepartner den anderen plötzlich ändern möchte. Obwohl beide fünfzehn oder zwanzig Jahre und mehr den anderen so angenommen und erduldet haben, wie er nun einmal war, kommen nun all die jahrelang unterdrückten Inhalte zum Vorschein, die um des lieben Friedens willen unberührt blieben. Die Forderung, der andere solle sich und sein Verhalten ändern, weil dieses plötzlich unerträglich erscheint, ist aber immer noch ein Ausweichen vor sich selbst. Natürlicherweise wirkt sich denn auch eine solche Forderung an den Partner als Bumerang aus, wenn dieser nun seinerseits vom Leder zieht und all die Verhaltensweisen und Gewohnheiten aufzählt, die er gerne am anderen verändern würde. Das ergibt oft eine ziemlich geladene Gewitterspannung, in der sich die Wolken nicht so schnell verziehen. Der ungemeine Vorteil liegt darin, daß beide Partner endlich, sofern sie das nicht früher schon bereits gelernt haben, ehrlich beginnen, bestimmte Seiten des eigenen Wesens und Verhaltens wirklich wahrzunehmen, die zuvor im Bereich der Selbstblindheit lagen und als nicht zur eigenen Person gehörig betrachtet wurden. Dennoch ist es zunächst eine schmerzliche Kränkung der Eigenliebe, wenn ein anderer uns mitteilt, daß das schöne Selbstbildnis, das wir von uns erworben haben, doch einige Flecken, Schatten und Verzerrungen aufzuweisen hat, die wir zuvor weder sahen noch wahrhaben wollten. Je nach dem Grad der Selbstliebe, die stets ein Widersacher der Wirklichkeit ist, werden wir daraus lernen und uns zum Vorteil verändern können oder im ungünstigeren Falle uns auf die Richtigkeit des eigenen makellosen Selbstporträts berufen. Im letzteren Falle besteht wenig Aussicht auf einen fortschreitenden Lernprozeß, und es läßt sich vorhersagen, an welcher empfindlichen Stelle und zu welchem Zeitpunkt das Leben diese Selbsttäuschung dann endgültig zerstört und uns genau zwischen die Hörner schlägt, mit denen wir nüchterne Selbsterkenntnis abwehren wollten. Die Wirkung dieser Prozesse auf das Partnergefüge ist kaum zu verleugnen, denn es gibt eine ganze Reihe von Symptomen, mit denen sie abgewehrt werden. Dabei folgt die Abwehr der schmerzlichen Einsicht zwei Grundtendenzen, nämlich: »Kampf« oder »Flucht«. Strindbergs Dramen gelten als Muster für den zermürbenden Kampf mit gelegentlich tödlichem Ausgang zwischen Partnern. Haß, Mord und Selbstmord sind die extremen Endstationen der Verweigerung auf dieser Lebensstufe – aus Angst vor Liebesverlust, die ja nur durch Entwicklung aufzuheben wäre. Flucht ist der üblichere Weg. Flucht in schnellere Befriedigung und Bestätigung der Selbstliebe versprechende Abenteuer, die dann noch mehr Verwirrung und Schuldgefühle zur Folge haben. Flucht in Alkohol oder Drogen und Unverantwortlichkeit, in Müdigkeit, Erschöpftheit, Schlaf und Depression, Flucht in Unfälle und Krankheiten, die Aufschub erwirken, vorschnelle Flucht auch zu einem neuen Partner, der sich nach kurzem als dem früheren Partner ähnlich oder gleich erweist, weil die eigene Sichtweise sich nicht änderte. Schließlich Flucht und Rückzug aus dem Leben schlechthin in eine Selbstisolation, die ein Aufrechterhalten des täuschenden Selbstbildnisses durch Vermeidung und Verleugnung ermöglicht.

Es gibt zahlreiche andere Ausweich- und Fluchtmanöver vor den Forderungen der mittleren Lebenskrise, so etwa den Rückfall auf frühere Erlebnisstufen oder kindliche Abhängigkeiten. Der erfahrene, zynische Anwalt entdeckt plötzlich mit fünfundvierzig seine brennende Liebe zu einer Siebzehnjährigen, der er rührende, lange Liebesgedichte schreibt, die seinen Primanerproduktionen gleichen, während er die eigene, gleichaltrige Tochter völlig übersieht. Die routiniert kontenbewußte Geschäftsfrau, die sich mit einem Dreißigjährigen auf Reisen begibt und Freikörperkultur genießt, während die eigenen Kinder für das Abitur schwitzen, nährt die Illusion, daß sie nicht gealtert sei, und glaubt der bezahlten Lüge des Liebhabers. Die Beispiele lassen sich im täglichen Leben in der Nachbarschaft wahrnehmen. Nur wenn sie uns selbst betreffen, neigen wir allzuschnell dazu, andere Erklärungen zu finden. Dennoch gibt es diese andere Erklärung dann, wenn etwa die Bestandsaufnahme ehrlich und offen zwischen Partnern ausgetragen wird. Es gibt durchaus Partnerschaften, die ursprünglich unter falschen Voraussetzungen geschlossen oder um der Kinder und der Karriere willen über eine lange Zeit gehalten wurden, in denen die Kinder dann ein überbrückender Inhalt bleiben, hinter dem die Entfremdung oder mangelnde Übereinstimmung lange verborgen werden kann. Kommt es jedoch dann zur mittleren Lebenskrise, und beide Partner entdecken, daß sich eine unbewußt gemeinsam gestützte Lebenslüge nicht länger ohne ernsten Schaden für die Entwicklung beider Teile und der Kinder aufrechterhalten läßt, so erscheint es ehrlicher und heilsamer, sich zu dieser Lebenslüge oder dem Grundirrtum und seinen Motiven zu bekennen. Läßt sich ein Neuanfang unter anderen Voraussetzungen finden, so bedeutet das gewiß Reifung und Mut zu einem ehrlichen Versuch. Bleibt es jedoch bei gegenseitigen Beschuldigungen, und die Partnerschaft artet schließlich zu einem sado-masochistischen Zerstörungskampf aus, so scheint es besser, sich für eine bewußte Trennung und gegenseitig annehmbare Eigenständigkeit zu entscheiden, als diese Selbstzerstörung um der Konvention willen fortzusetzen. Das befreit allerdings auch dann keinen der sich trennenden Partner von der dadurch schwieriger werdenden Aufgabe der mittleren Lebensstufe, sich selbst wahrnehmen zu lernen, wie man ist und von anderen wahrgenommen wird. Wir können alle nur dadurch aus der Wahrnehmung anderer lernen, daß diese ehrlich genug sind, uns mitzuteilen, wie wir dort aussehen, wo wir uns selbst nicht wahrnehmen können, nämlich im Bereich unserer eigenen blinden Flecken. Einem Freund verdanke ich in diesem Zusammenhang eine zunächst komisch wirkende Frage, die er mir stellte: »Glaubst du an die Rückseite deines Nackens?« Auf meine verdutzte Frage, wieso das wichtig sei, antwortete er mir: »Du kannst sie nicht ohne Hilfe eines zweiten Spiegels sehen, denn du kennst dich selbst nur von vorn!«

Wir vergessen oft, daß andere an uns wahrnehmen können, was wir selbst nicht sehen. Darauf sollte uns allerdings schon ein frühes Kinderspiel aufmerksam machen, das den schönen Titel trägt: »Ich sehe was, was du nicht siehst!« Umgekehrt gibt es Seiten unseres Wesens, die nur wir selbst kennen, weil sie für andere völlig verborgen sind. Eröffnen wir diese unzugänglichen und unsichtbaren Seiten unserer eigenen Person einem anderen, so gehen wir damit stets ein Wagnis ein. Es wird belohnt, wenn solches Sich-selbst-offenbaren-Können, entgegen unseren Ängsten und Befürchtungen, mit Verständnis und Liebe angenommen wird. Ja es ermutigt und entlastet uns, eine lange verborgene Angst, Unsicherheit, Selbstzweifel oder Schuldgefühle zu offenbaren und einem anderen mitzuteilen, dem wir vertrauen. Dies wäre der echte Entwicklungsprozeß einer reifenden Partnerschaft der mittleren Jahre, die zunehmende und ermutigende Erfahrung, daß die Ehrlichkeit sich selbst gegenüber weder Verurteilung noch Kritik noch zerstörende Verdammung durch andere findet. Genaugenommen lernen wir erst ab der mittleren Lebensstufe wirklich zu lieben – jene Liebe, die nicht das Ihre sucht, die sich nicht bläht, die nicht richtet und alles versteht, weil wir um die eigene Schwäche und Fehlbarkeit wissen, die wir bereit sind anzunehmen und die uns befähigt, anderen zu vergeben.

WENDEPUNKTE

Das Interesse für die Generation der mitten im Leben Stehenden, die sowohl die Lasten der alten wie auch die Verantwortung für neue Generationen tragen, ist in der Wissenschaft recht spät erwacht. Anscheinend war bislang die Bereitschaft, einfach hinzunehmen, was nun einmal das jeweilige Schicksal den Generationen arbeitender Erwachsener beschert, so groß, daß wenig darüber nachgedacht oder geschrieben wurde, welche Auswirkungen dieses Schicksal der mittleren Generation auf die Bewußtseinslage und die soziale Entwicklung einer Gesellschaft hat. »Man muß das Leben eben nehmen, wie das Leben eben ist« – in sächsischem Dialekt vorgetragen – war der Slogan der jungen Erwachsenen in den dreißiger Jahren, ebenso wie etwa der Song der zwar unmusikalischen, aber mit rauher Stimme begabten Schauspielerin Brigitte Hornay: »So oder so ist das Leben, so oder so ist es gut . . .«, eine verschollene Schallplatte, die es einer früheren, mittleren Generation ermöglichte, das Elend zweier Kriege mit Gleichmut zu ertragen. Das hat sich gründlich geändert, und das Leben hat für die junge Generation zumindest eine andere Zielsetzung: das Erreichen größtmöglicher Befriedigung, was notwendigerweise und voraussehbar in ernüchternder Enttäuschung endet. Ebenso ist voraussehbar, daß eine Generation mit so hohen Erwartungen dann viel autoritärer und unerbittlicher in ihren Regulationen des sozialen Lebens werden wird, als es je die Generationen ihrer Väter oder Großväter gewagt hätten.

Das Interesse für das Schicksal der mittleren Generation ist durch den schnellen sozialen Wandel in den industrialisierten Gesellschaften geweckt worden, aber auch durch eine Reihe bisher zunehmend unverstandener Erscheinungen, wie etwa Kinderfeindlichkeit und Kindesmißhandlung einerseits und passive Duldsamkeit gegenüber extremer Ausbeutung durch Kinder und Heranwachsende andererseits. Dieser mitunter zur Leidenslust ausartenden Bereitschaft für falsche und extreme Toleranz gegenüber Erpressung und Terrorismus oder gar Gewalt durch die Folgegenerationen steht dann der jähe Umschlag in explodierende, unterdrückte Gewaltsamkeit gegenüber, die, einmal von Heranwachsenden provoziert, kaum noch kontrollierbar erscheint. Aber auch die allgemeine Zunahme der Bereitschaft zur Gewalttätigkeit als Mittel der Durchsetzung eigener Wünsche in den verschiedenen Gesellschaften hat Fragen nach den Problemen und Wirkungen der mittleren Lebensjahre aufgeworfen, die größtenteils bisher noch unbeantwortet sind. Einer der Gründe liegt in einem Mißverständnis psychoanalytischer Theorien, so als hätten die Forschungen der letzten achtzig Jahre nicht mehr ergeben als ein Grundwissen über die frühe kindliche Entwicklung, die für alle späteren sozialen Fehlhaltungen oder Krankheiten als alleinige Ursache anzusehen sei. Freilich hat es einige Zeit gedauert, bis die Psychoanalyse bereit war, sich mit den Erscheinungen der Reifejahre auseinanderzusetzen, statt alles nur auf die frühe Kindheit und deren Erlebnisse zurückzuführen.

Dennoch haben wir Grund zu der Annahme, daß die mittleren und späteren Lebensstufen ganz bestimmte, umschriebene frühere Konflikte und Lebenssituationen immer wieder, freilich auf anderen Erlebnisebenen, so lange wiederholen, bis eine Lösung gefunden wurde. Das Auffinden solcher individuellen Lösungen scheint dabei in das Gefüge der Generationenfolge so eng verflochten zu sein, daß sich drei bis vier Generationen ständig in ihren Wirkungen gegenseitig beeinflussen. Diese Erkenntnis ist nicht neu. Sie kommt in einem alten Gedicht zum Ausdruck: »Urahne, Großmutter, Mutter und Kind ...«, die zusammen im gleichen Raum versammelt sind wie die vier Generationen auf derselben Zeitbühne. Es scheint, daß die Verlustziffern und das einseitige Ungleichgewicht der Geschlechter nach zwei Weltkriegen die Aufmerksamkeit stärker auf die mittlere Generation und den Verlauf der mittleren Lebensjahre gelenkt haben, über deren einzelne Entwicklungsschritte wir ähnlich wenig wissenschaftliche Forschungsergebnisse haben wie über die Psychologie des hohen Lebensalters.

Ich erinnere mich an einen etwa fünfzigjährigen Kaufmann, der mich vor dreißig Jahren in meiner damaligen Praxis aufsuchte. Sein Wunsch war es, endlich einen echten Durchbruch zu erleben, der ihn von den Schatten der Vergangenheit befreien würde. Es war kurz nach der Zeit der Entnazifizierungsverfahren, und ich mochte nicht genau nach dieser Vergangenheit fragen. Sein Problem wurde in einem drastischen Traum sichtbar, der mir lebhaft in Erinnerung blieb, obwohl dem Träumer selbst die Zusammenhänge trotz der Deutlichkeit wohl verborgen blieben. Er hatte geträumt, daß er bis an die Hüften in den Trümmern seiner durch Bomben zerstörten Schule verschüttet sei. Während er sich mit großen Mühen aus dieser Umklammerung durch massive Steintrümmer zu befreien versuchte, um den stehengebliebenen Portalbogen des Eingangstores zur Schule durchschreiten zu können, erscholl im Hintergrund ein markiger Männerchor: »Haltet aus im Sturmgebraus . . .«

Ohne auf die Interpretation dieses Traumes oder die Lebensgeschichte hier näher eingehen zu können, schien mir dieser Traum damals so bemerkenswert, weil er, gemischt mit allerlei Kriegserfahrungen, ein Grundgefühl ausdrückte, das mir in vielen Traumgestalten auch später bei Patienten und Freunden immer wieder begegnet ist: das Motiv der Befreiung aus einer lähmenden Umklammerung und die Verschüttung unter zerstörten Trümmerresten. Es liegt nahe, dies als eine durchaus reale Erinnerung der Überlebenden von Bombenwürfen zu verstehen, aber das Zerstörungsmotiv der Trümmer taucht genauso bei Zehn- bis Fünfzehnjährigen auf, die niemals reale Bomben oder Granaten erlebt haben.

Die verzweifelte Tragik dieses Mannes schien darin zu bestehen, daß er etwas erreichen wollte, das sich offenbar mit sehr frühen Erinnerungen an seine Schulzeit verband und für ihn den Wunsch nach einem echten Durchbruch symbolisierte, während er sich zugleich in den Trümmerresten der gleichen Erinnerungen im unteren Teil seines Körpers eingeklemmt sah. Dem Analytiker liegen freilich eine Reihe möglicher Interpretationen nahe, aber darauf kommt es hier nicht an. Vielmehr ist es das lähmende Gefühl der Ohnmacht, sich nicht selbst befreien zu können, das uns im Zusammenhang mit der mittleren Lebenskrise interessiert. Die Geschichte des Lügenbarons Münchhausen, der sich an den eigenen Haaren aus dem Sumpf zieht und sich so vor dem Ertrinken rettet, bestätigt in diesem Zusammenhang lediglich dieses Ohnmachtsgefühl.

Freilich sind die Lebenserfahrungen verschieden, wie ein Vergleich mit dem Traum eines Vierzigjährigen deutlich zeigt: »Wir sind alle zusammen auf einem Segelboot, und ich bin am Steuer. Der Wind wird stärker, und um nicht auf einen Felsen aufzulaufen, muß ich das Boot durch den Wind wenden auf die andere Seite, um einem Zusammenstoß zu entgehen. Während ich das Kommando zur Wende gebe und auf die Hilfe meiner Familie rechne, stelle ich fest, daß meine Frau liest, eine Tochter sich die Nägel poliert und die andere in den Spiegel sieht. Der Wind ergreift das Boot in der Wende, und wir sinken. – Im Wasser sehe ich beide Kinder in der Ferne mit einem Rettungsring auf eine Insel zuschwimmen. Am anderen Ende eines Holzstückes, an das ich mich geklammert habe, hängt meine Frau, die nicht schwimmen kann. Ich muß sie hinterherziehen.«

Ohne weitere Interpretation wird hier erkennbar, daß der Träumer eine Wende vollziehen will, aber Zweifel daran hat, wie weit er von seiner Umgebung verstanden wird. Untergangs- und Ohnmachtsgefühle sind in dieser Lebensstufe das erste Anzeichen für die Notwendigkeit einer Wandlung und die Einsicht, daß es so nicht weitergehen kann.

Obwohl wir meist der Überzeugung sind, daß es überwiegend eine Mischung aus vernünftigen Gründen, starker Gefühlszuneigung und nüchterner Wirklichkeitskontrolle ist, von der eine endgültige Partnerwahl bestimmt wird, trifft dies leider nur zum Teil zu. Erst in der Lebensmitte wird in der Partnerschaftskrise dieser Jahre erkennbar, daß zwei Partner einander unbewußt gewählt haben, weil sie ein gleichartiges, jedoch völlig unbewußtes Problem bewältigen müssen. Am häufigsten ist die unbewußte Erwartung beider Partner, der andere würde jene schützende, nährende und liebende Mutterfunktion übernehmen, die beide Partner entweder entbehrten, zu früh verloren oder zuviel hatten. Ein ähnliches, gemeinsames Problem kann entstehen, wenn unbewußt beide Partner einen strengen, strafenden und drohenden Vater fürchteten, unbewußt aber die Sicherheit, die von seiner Strenge ausging, zugleich erwarten. Auf anderen Ebenen liegen gleichartige Wesenszüge, so etwa, wenn beide Partner so sehr in ihrer Eigenliebe gefangen sind, daß sie ständig vom anderen Bestätigung erwarten. Die Übergangskrise der mittleren Jahre bringt all diese Inhalte deshalb zum Vorschein, weil sich solche gleichartigen, gegenseitigen Erwartungen nicht mehr verheimlichen lassen, sowie beide Partner beginnen, einander zu beschuldigen, diese meist durchaus irrationalen Erwartungen nicht erfüllt zu haben.

Die vernünftigste Reaktion auf eine solche Erkenntnis wäre freilich die Einsicht, daß solche Erwartungen kindlich und unrealistisch sind. Beide Partner könnten dann sogar über diese eigene Kindlichkeit miteinander lachen und sie überwinden. Meist geschieht leider das Gegenteil. Der andere wird für alle Versagungen und Enttäuschungen verantwortlich gemacht, die man glaubt erlitten zu haben, ohne daß solche Erwartungen korrigiert werden.

Nun bestehen kindliche Reste unrealistischer Erwartungen keineswegs nur in der Partnerschaft, obgleich sie dort am

deutlichsten sichtbar werden. Vielmehr zeigt sich im Berufsleben bei vielen Menschen, die auf eine Beförderung oder
besondere Anerkennung für ihre Leistungen warten, daß
ganz kindliche Erwartungen in die Berufsarbeit übertragen
werden können. Um so schmerzlicher ist dann die Erfahrung,
daß ein anderer vorgezogen oder befördert wird, während
man selbst zurückstehen muß. Die häufigste und erste Erklärung ist dann, daß die Vorgesetzten eben die wirkliche Begabung und Leistung, die man selbst aufzuweisen hat, noch
nicht erkannt haben. Solche Selbstvertröstungen oder gar die
fast verfolgungsähnlichen Gedanken, daß einen bestimmte
Leute eben nicht leiden könnten und eine geheime Verschwö-
rung zur Behinderung und Benachteiligung angezettelt hätten, so daß man um den gerechten Lohn betrogen würde,
sind keineswegs ungewöhnlich. Sie dienen dem Selbstschutz,
lassen sich aber dann nicht mehr aufrechterhalten, wenn sich
der gleiche Vorgang mehrfach wiederholt oder gar der frühere Arbeitsbereich verringert oder eingeschränkt wird.
Diese Konfrontation mit der Wirklichkeit, wie sie von anderen gesehen wird, zwingt uns dann zur Überprüfung der
eigenen Vorstellungen von uns selbst. Kommen wir dabei zu
der Feststellung, daß wir tatsächlich über mehr Fähigkeiten
verfügen, als es von anderen erkannt und zugestanden wird,
so bedürfte es des mutigen Entschlusses, eine andere, neue
Lebenssituation auszusuchen, den Arbeitsplatz oder vielleicht
sogar den Beruf zu wechseln und diese Fähigkeiten auf die
Probe zu stellen. Das kann dann zu größerem Erfolg und
damit zu der Anerkennung führen, die wir anstrebten, die uns
aber vielleicht aus Gründen des Vorurteils verweigert wurde.
Haben wir uns jedoch über uns selbst allzu optimistisch ge-
täuscht und sind dem eigenen Vorurteil zum Opfer gefallen,
so zwingt uns die gleiche Erfahrung in der Wirklichkeit zu der
Einsicht, daß wir uns selbst überschätzt haben und unser
Selbstbild falsch war.

Nun gelingt es manchen Menschen, mit einer vorgetäuschten Fassade bis zu einem bestimmten Punkt der Lebensstrecke vorzudringen, ohne als Blender entdeckt zu werden. Es läßt sich aber voraussagen, daß eine solche Fassade nicht aufrechtzuerhalten ist. Wenn sie schließlich abbröckelt, ist der Zusammenbruch nahe. Nervenzusammenbrüche, plötzliche Krankheiten und mitunter unerwarteter, vorzeitiger Tod beruhen nicht selten auf einem inneren Zusammenhang, den wir gelegentlich auch bei Menschen finden, die ein Leben führen, das man nur als ein »Als-ob-Leben« bezeichnen kann. Sie tun vor sich selbst und anderen so, als ob sie seien, was sie vorgeben, während in Wirklichkeit keine Übereinstimmung zwischen äußerem Gebaren und innerer Substanz besteht. Das ist keineswegs Hochstapelei, denn der Betreffende glaubt selbst ernsthaft, zu sein, was er vorgibt, aber er täuscht sich über sich selbst und damit auch andere. Die Lebensmitte zwingt ihn schließlich zu einer Art Bankrotterklärung, wenn er selbst nicht mehr genau weiß, wer er nun wirklich ist und was 'er sich selbst und andere glauben machen will. In der modernen Arbeitswelt gibt es durchaus Möglichkeiten, die solche Selbsttäuschung unterstützen. Vor allem dann, wenn große oder kleinere Gruppen ihre Hoffnung und ihr Vertrauen an eine solche »Als-ob-Persönlichkeit« delegieren, entsteht die Gefahr, daß der Betreffende schließlich sich selbst in der Idealisierungsbereitschaft der anderen fängt und ernsthaft glaubt, so zu sein, wie die anderen ihn sehen, und erfüllen zu können, was sie von ihm erhoffen.

Es gibt in der jüngsten Geschichte berühmte Beispiele, wie etwa der amerikanische Präsident Richard Nixon, der schließlich überzeugt war, im Interesse seines Landes zu handeln, wenn er sein Amt mißbrauchte.

Selbstherrlichkeit und Selbsttäuschung kommen auf späteren Lebensstufen unweigerlich zu Fall, wenn der Prozeß der Selbstklärung und Selbstkonfrontation in der Lebensmitte versäumt oder aufgeschoben wird. Dabei sind es recht einfache Fragen, die wir uns selbst stellen müssen, wobei allerdings nur eine ehrliche Antwort zu jenen Veränderungen führt, die uns auf den weiteren Lebensweg vorbereiten. Insofern entscheidet der Klärungsprozeß der Lebensmitte zugleich auch mit über unsere Lebensdauer, denn die Energie, die wir zur Unterdrückung unangenehmer Einsichten und zur Abwehr ungeklärter, jedoch immer bedrängender werdender innerer Konflikte verbrauchen, ist schneller aufgezehrt als die Energie, die frei wird, sobald wir diese Konflikte bereinigt haben und damit über eine bessere Ökonomie unserer inneren Kräfte verfügen.

Es sind sechs Fragen, die sich jeder Mensch in den Jahren zwischen fünfunddreißig und fünfundvierzig stellen sollte. Jeder kann die Antworten für sich niederschreiben und sich nach einigen Jahren daraufhin überprüfen, wieweit sie völlig ehrlich und der Wirklichkeit entsprechend waren. Einiges wird man in späteren Jahren wieder ändern müssen. Eine solche Übersicht kann dann aber nicht nur zur Meisterung der vielgestaltigen Krisen der Lebensmitte beitragen, sondern sie wirkt darüber hinaus auch stabilisierend in den Übergangsstufen der späteren Jahre.

Die erste Frage lautet: »Wie bin ich an diese Stelle meines Lebens gekommen?« Es ist eine ruhige Rückbesinnung darauf, wie das Hier und Jetzt des augenblicklichen Lebens mit dem langen Werdegang seit der Kindheit verbunden ist. Für manche Menschen ist es einfacher, den Weg rückwärts zu gehen, obwohl es schon schwerfallen kann, sich an die Ferien vor zehn Jahren zu erinnern, weil die Jahreszahlen und Daten sich leicht verwirren. Für andere ist es leichter, den umgekehrten Weg zu gehen und von frühen Kindheitserinnerungen, Erinnerungsinseln von Schulerlebnissen, Freundschaften oder besonderen Begebenheiten aus den eigenen Werdegang noch einmal zu durchlaufen. Das läßt sich freilich nicht im

Galopp erledigen, sondern braucht Zeit und Muße. Allein diese Haltung der Rückbesinnung kann schon dazu beitragen, uns aus dem üblichen Trubel der täglichen Rennerei herauszuführen, ohne daß dabei Angst vor leerer und unausgefüllter Zeit entsteht. Gewiß werden sich einige schmerzhafte oder peinliche Erinnerungen nicht vermeiden lassen, aber auch diese Erlebnisse gehören zu dem Werdegang, der uns geformt hat und uns an diese Stelle unseres Lebens brachte. Dazu gehören auch die Erinnerungen an die Berufsausbildung, Fehler, Irrtümer und Enttäuschungen, ebenso wie die Geschichte der Ehe, der Kinder und der eigenen Veränderungen in diesen Gemeinschaften. Manchmal hilft es schon, bestimmte Daten zusammenzustellen, an denen wichtige Entscheidungen getroffen wurden, von denen das Heiratsdatum nur eines von vielen ist. Für Unverheiratete ist es nicht weniger wichtig, sich an die Gründe und den Entschluß oder die Umstände zu erinnern, die sie dazu bewogen haben, für sich allein zu leben und sich einer anderen, nicht weniger als die Partnerschaft ausfüllenden Lebensaufgabe zuzuwenden. Auch solche Erinnerungen können schmerzlich sein, wenn etwa die Entscheidung für die Ehelosigkeit aus der Furcht vor nicht mehr zu bewältigenden Konflikten erwuchs, was dennoch ein wichtiger Inhalt ist, der mitbestimmt hat, warum gerade dieser Ort des Lebens im Hier und Jetzt erreicht wurde.

Es ist schon ein erhebliches Stück Arbeit geleistet, wenn wir eine Reihe von Antworten auf diese erste Frage gefunden haben, die uns verständlicher machen, warum der eigene Lebensweg bis hierher so und nicht anders verlief.

Die zweite Frage lautet: »Stimmt mein jetziges Leben mit dem überein, was ich ursprünglich einmal wollte?« Natürlich hat fast jeder einmal in seiner Kindheit Admiral, Indianerhäuptling, Generaldirektor, Lokomotivführer oder Pilot werden wollen, so wie kleinere Kinder heute davon träumen,

Astronauten zu werden. Gemeint ist hier mehr jene Wegstrecke, auf der nach langem Hin und Her und vielen Auswahlmöglichkeiten, die dann doch alle wieder verworfen wurden, die innere Vision eines Berufes und zugleich eine sichere Identität entstand, ein Mann oder eine Frau in einem ganz bestimmten Lebensbereich sein zu wollen. Damit verbanden sich auch Ideale und Zukunftsvisionen, Ahnungen und Hoffnungen von möglichem Glück oder Unglück. Diese Frage konfrontiert uns zugleich mit den Gründen, warum wir an einer bestimmten Stelle von ursprünglichen Vorsätzen oder einer vorgezeichneten Lebenslinie abwichen, unsere Zielsetzungen änderten, bestimmte Träume aufgaben oder sie heimlich in der Phantasie ausbauten, ohne sie zu verwirklichen. Wir müssen auch eine Antwort darauf finden, wie unsere Zukunftsvorstellungen jetzt im Vergleich zu diesen Jugendträumen aussehen. Ob die Enttäuschung und Ernüchterung überwiegt, oder ob der alte Traum eine realisierbare Erweiterung durch neue Visionen bekam.

Das bringt uns zu der dritten Frage: »Was müßte ich heute tun oder ändern, um das erweiterte oder veränderte Ziel später auf anderem Wege zu erreichen?« Und hier stehen wir bei der Antwort erbarmunglos vor jenen inneren und äußeren Begrenzungen, die wir nicht umgehen können und anerkennen müssen, auch wenn uns das wütend, traurig oder hilflos macht. Vielmehr müssen wir uns selbst beantworten, was sich noch neu lernen läßt und was bereits unwiederbringlich versäumt ist und nicht mehr eingeholt werden kann. Allerdings dürfen wir nicht zu schnell den Mut verlieren, denn es gibt Sechzig- und Siebzigjährige, die ein neues Studium erfolgreich bewältigen, es gibt Gleichaltrige, die sich in zäher Ausdauer selbst einen neuen Berufsweg erkämpften, und es gibt eine nicht geringe Zahl von Menschen, die Amt und Karriere aufgaben, um ein anderes Leben zu entfalten, das ihnen wichtiger war als Rang, Ehre oder hohes Gehalt.

Freilich lassen sich solche Zukunftsentscheidungen niemals ohne den Partner und die Familie treffen. Deshalb ist es gut, wenn beide Partner nach stiller Beantwortung aller Fragen ihre Ergebnisse und Sichtweisen miteinander austauschen können. Das bringt nicht nur die bisher bestehenden Verschiedenheiten zum Vorschein, die ohnehin geklärt werden müssen, wenn es eine gemeinsame Zukunft geben soll, sondern es bringt auch neue Anstöße mit sich, die Einfluß auf die eigenen Zielsetzungen haben.

In der Antwort auf diese dritte Frage geht es hauptsächlich darum, eingefrorene Haltungen und Einstellungen wieder aufzutauen, so daß mehr angstfreie innere und äußere Beweglichkeit entsteht und Energien für neue Lernprozesse freiwerden, die in erstarrten Abwehrsystemen gebunden sind. Es muß keineswegs immer ein Berufswechsel sein, sondern oft ist es die Entdeckung zuvor ungeahnter Begabungen. Ich erinnere mich an Freunde und Bekannte, die plötzlich eine nie zuvor erprobte künstlerische Begabung entdeckten, so etwa eine vierzigjährige Mutter und »Nur-Hausfrau«, die plötzlich von Nachfragen für ihre Aquarelle überflutet wurde, obwohl sie nie zuvor gemalt hatte. Ein Büroangestellter, der beim Gitarrenunterricht seine Begabung als Dichter moderner Balladen herausfand, ein Steuerprüfer, der seine tiefe Baßstimme ausbildete und nun nebenbei zum begehrten Konzertsänger wurde, schließlich ein Bankdirektor, der heimlich in einer anderen Stadt als Komiker auftrat und Lachstürme entfesselte, ohne daß ihn je ein Mensch in seiner Maske erkannte. Es gibt viele verschüttete Möglichkeiten, die im Gedränge und der Anstrengung des Aufstieges vergessen und verlernt oder nicht für wert gehalten wurden, weiter entwickelt zu werden. An dieser Stelle des Lebens wäre der Augenblick, sich darauf zu besinnen und das Vergessene oder Verschüttete in einem neuen Lernprozeß zu entfalten.

Die vierte Frage zielt auf eine kritische Überprüfung

früherer Zielsetzungen. Sie lautet: »Welchen Preis muß ich zahlen, wenn ich meine augenblickliche Lebensweise unverändert fortsetze?« Diese Antwort ist nicht leicht, denn wir geben nur ungern Gewohnheiten auf, die fest geprägt sind. Natürlich weiß jeder Raucher, daß er sein Leben verkürzt und gefährdet, aber wer will ihm vorschreiben, wie lange er zu leben hat? Ähnlich steht es mit Alkoholkonsum oder Drogenmißbrauch. Solange nicht klar ist, daß hinter der langsamen Selbstzerstörung ein geheimer Selbstmordwunsch steht, der auf Selbst-Bestrafungs-Bedürfnissen oder verborgenen Rachewünschen beruht, wird es gegen solche Gewohnheiten kaum ein wirksames Mittel geben, genausowenig wie gegen irrationale Freßlust, konstantes Übergewicht oder Arbeitssüchtigkeit. Nur die ehrliche Überlegung, welchen Preis ich für die Fortsetzung solcher Haltungen zu zahlen habe, kann zu einer Änderung führen, aber auch dies nur dann, wenn das Leben wirklich als lebenswert empfunden wird. Mancher zündet eben sein Lebenslicht an beiden Enden gleichzeitig an, und es brennt dann schneller aus. Dennoch wird er sich, je nach seiner Situation, der Verantwortung für andere bewußt werden müssen, die von ihm abhängig sind, was ihn zur Vorsorge verpflichtet, falls er für sich selbst auf einen frühen Tod spekuliert und eine kürzere Lebensstrecke vorzieht, um den Schwierigkeiten späterer Lebensstufen zu entgehen.

Die Konfrontation mit den eigenen Motiven und den Konsequenzen eigenen Handelns bleibt niemandem bei dieser Frage erspart. Sie führt auch gelegentlich zu der Überlegung, daß das eigene Leben nicht ein persönlicher Besitz ist, sondern allenfalls eine Leihgabe, über deren Behandlung Rechenschaft abzulegen ist. Das glauben selbst Agnostiker und Atheisten, die sich selbst Rechenschaft geben müssen. Bei dieser Frage wäre aber auch daran zu denken, welchen Preis andere, der Partner und die Kinder, zahlen, wenn eine Entfremdung durch Arbeitssüchtigkeit soweit führte, daß keine Beziehungsmöglichkeiten mehr bestehen. Diese Frage konfrontiert auch mit jenen Kinderspielen, die in außerehelichen Liebesverhältnissen ausagiert werden, um die alltägliche Ehewirklichkeit zu vermeiden und eine Scheinfreiheit zu begründen, die nur in einem größeren Wirrwarr enden kann. In der Lebensmitte erweist die Realität sehr schnell, daß Altersunterschiede nicht nur unüberwindbar sind, sondern auf die Dauer gesehen größere Bedeutung bekommen. Der sich jugendlich fühlende Mann Mitte vierzig, der sich selbst nach ermüdender Ehe im Verhältnis mit fünfundzwanzigjährigen attraktiven Frauen seine erhöhte Männlichkeit und sexuelle Potenz beweisen will, steht schon nach wenigen Jahren vielleicht vor der umgekehrten Situation als Fünfundfünfzig- oder Fünfundsechzigjähriger, diesen Altersunterschied nicht mehr überbrücken und die unausgesprochenen Erwartungen nicht mehr erfüllen zu können, während die Frau ihre Vollreife erreicht und nun vielleicht ihrerseits ihre Wege geht.

Für Frauen wäre hier anzumerken, daß es sich bei den Beschwerden der sogenannten Wechseljahre um ein modernes Märchen handelt, das zu glauben niemand verpflichtet ist. Forschungsergebnisse zeigen, daß beide Geschlechter genau das Sexualverhalten fortsetzen, zu dem sie erzogen wurden und an das sie sich zeitlebens gewöhnt haben. Es ist ein weit verbreiteter Irrtum, anzunehmen, das Sexualleben höre jenseits der mittleren Jahre auf oder sei nicht mehr angemessen. Da es häufig in der Lebensmitte aus solchen falschen Vorstellungen zu einem einseitigen oder beiderseitigen Rückzug kommt, zielt diese Frage auch darauf ab, was aus der Partnerbeziehung wird und welcher Preis zu zahlen ist, wenn die sexuelle Aktivität aus Vorurteilen völlig aufgegeben wird, ohne etwa durch eine stärkere Gefühlsbeziehung ersetzt zu werden – einer der Hauptgründe für Ehescheidungen im höheren Lebensalter.

Das bringt uns zur nächsten, fünften und nüchternsten Frage: »Was brauche ich für die nächsten fünf bis zehn

140

Jahre?« Das bezieht sich weniger auf Geld als auf Menschen, Dinge und Pläne. Brauche ich zum Beispiel meinen Ehepartner wirklich und für was? Zum Streiten, zum Miteinander-Schlafen, vor dem Glotzkasten sitzen, Bier trinken, Kegeln gehen, oder gibt es Gemeinsamkeiten, in denen ich meine eigenen Abhängigkeitsbedürfnisse ohne Scheu zu erkennen geben kann und Unterstützung finde? Brauche ich meine Kinder? Wofür? Zum Kritisieren, als Blitzableiter für die eigenen Unzufriedenheiten oder als Partner, von denen ich Neues erfahren und lernen kann? Brauche ich meine Kinder zur Bestätigung meiner unfehlbaren Autorität, oder kann ich sie freigeben für ihr eigenes Leben und lernen, ihre ganz andere Sichtweite zu verstehen? Ähnlich im Beruf: Brauche ich Kollegen, Mitarbeiter, jüngere und ältere? Wofür? Zum Profit, zur Bestätigung meiner Position, als Streit- und Ärgernispartner, zum Kumpeln und Saufen, Sekretärinnen zum Flirten und zur Bestätigung meiner Männlichkeit? Umgekehrt für Frauen: Brauche ich Kollegen, Vorgesetzte und Untergebene, um zu wissen, wer ich bin, um die Leere auszufüllen, seit die Kinder weg sind? Oder habe ich ernste menschliche Beziehungen, kann ich Hilfe und Stützung von anderen annehmen, wenn ich sie brauche, oder muß ich die völlig Unabhängige spielen, die niemanden braucht? Brauche ich andere Menschen in meiner Freizeit, oder versuche ich, ihnen aus dem Wege zu gehen, weil mich Dinge mehr interessieren?

Diese Frage zielt darauf, sich damit auseinanderzusetzen, daß jederzeit ein Verlust der Menschen und Dinge eintreten kann, die ich brauche, ohne daß noch einmal Gelegenheit bestünde, sie wissen zu lassen, wie dankbar ich für ihr Dasein bin, das mir hilft, mein Leben zu bewältigen. Das bezieht sich auch auf Freunde, die mir nahestehen, die ich verlieren kann oder die mir wichtige Anregungen und Hilfen für den weiteren Lebensweg geben können. Welche neuen Menschen und Dinge wünsche ich mir für die kommenden Jahre? Wie erreiche ich sie? Diese Frage ist auf die Zukunft und auf die gegenseitigen Abhängigkeitsverhältnisse gerichtet, die wir nur allzuleicht übersehen oder für selbstverständlich halten.

Ich erinnere mich der tiefen Depression einer Frau, die fast ein Leben lang mit einer Nachbarin in fortwährendem, massivem Streit war. Als die Nachbarin plötzlich starb, sagte sie zu mir: »Das Schlimmste ist, wenn einem der Hauptfeind genommen wird. Das ist schlimmer, als einen Freund zu verlieren.« Sie hatte recht, denn Streitbindungen sind fast stets haltbarer als Liebesverhältnisse.

Die letzte, sechste Frage ist gewiß am schwersten ehrlich zu beantworten, da sie unvermeidlich Bedauern mit sich bringt. Aber gerade deshalb ist sie fast die wichtigste Voraussetzung für eine mögliche Umkehr und Wandlung. Sie lautet: »Welche Einsicht ist für mich am schmerzlichsten zu ertragen? – Was würde ich heute anders machen, und wie finde ich Frieden für unwiederbringlich Versäumtes?« Diese Frage reicht schon sehr weit in die zukünftigen Lebensstufen und ist eigentlich schon eine Vorbereitung auf die späte Lebenskrise des hohen Alters. Deshalb ist auf dieser Stufe nur der erste Teil wichtig, weil die Antwort offenbart, wo ein innerer Zwiespalt oder ein Hadern mit dem Schicksal fortbesteht und noch kein Ende gefunden hat.

Ich erinnere mich an einen Schulfreund, der allen Ernstes beim Abituriententag fünfundzwanzig Jahre später, obwohl wir alle uns seither nicht mehr gesehen hatten, seinen Lebensbericht mit den Worten begann: »Daß ich im Abitur eine so schlechte Note in Mathematik erhalten habe, ist und bleibt für mich eine himmelschreiende Ungerechtigkeit!« Obwohl er Millionenumsätze im eigenen Geschäft tätigte, war diese Kränkung seines Selbstwertgefühls anscheinend unüberwindbar, ohne daß er begriffen hatte, daß gerade die schlechte Mathematikzensur ihn wahrscheinlich zu einem genauen Rechner in seinem Geschäftsleben gemacht hatte.

Es gibt freilich in jedem Menschenleben peinvolle Einsichten, deren Eingeständnis sich selbst gegenüber sehr schwer ist. Dennoch wäre es eine bedenkliche Selbsttäuschung, wenn wir versuchen würden, solche Einsichten vor uns selbst zu verleugnen. Wir brauchen sie niemand mitzuteilen, auch nicht dem Ehepartner, solange wir sie nicht vollständig angenommen und gleichsam überlebt haben. Das kleine Wunder geschieht oft sehr viel später, wenn wir im hohen Alter uns doch durchringen, diesen innersten Bereich mit dem Lebenspartner zu teilen. Es sollte uns dann allerdings nicht verwundern, wenn wir einem gütigen, besänftigenden Lächeln im Auge des anderen begegnen, der uns liebevoll bestätigt, wie froh er ist, daß wir endlich uns dazu durchgerungen haben, auch das mitzuteilen, was er aus seiner Sicht schon lange vorher wußte.

Am Ende dieser Antworten steht ein anderes Ergebnis als am Beginn der Krisen des mittleren Lebensalters. Ein erster Anflug von Güte, Bescheidung und Lebensklugheit beginnt sich durchzusetzen. Statt der hartnäckigen Verteidigung meiner selbst, meines Standpunktes, meiner Erfahrung, meiner Qualitäten, hat sich ein weiteres Bewußtsein für *unser* Leben ausgebildet, das mehr das Menschsein und die Menschlichkeit umfaßt, als nur das auf sich selbst und das Seine bedacht und ausgerichtet Sein. Das macht die Anerkennung von Grenzen des Möglichen oder Verzicht auf Erstrebenswertes eher möglich aus dem Gefühl, wirklich im Leben zu stehen, weil man gesehen hat, wie man zuvor darin herumirrte, oft im stolzen Bewußtsein, ganz genau die Richtung zu wissen. Wenn man sich selbst zugeben kann, daß diese Behauptung nie so ganz stimmte und oft erst im nachhinein den Ereignissen eine Erklärung und Deutung gegeben wurde, die anfänglich wirklich nicht beabsichtigt war, so ist dies ein großer Gewinn auf dem Wege zum Älterwerden.

Ich erinnere mich der witzigen Bemerkung eines älteren

Freundes, der, in der Lebensmitte auf seinen erheblichen Machteinfluß während der Nachkriegszeit angesprochen, doppeldeutig antwortete: »Ich bin wohl mehr ein Geschobener oder Geschubster als ein Schieber. Die meisten Dinge geschehen mir, und ich versuche darauf zu antworten – was mir nicht immer gelingt.« Es bestand keine Notwendigkeit für ihn, sich und die anderen von seinen Fähigkeiten zu überzeugen. Sie bestanden und waren sichtbar, und das war genug.

Es gibt in der Industrie die unsinnigen Märchen vom Leistungsknick jenseits der fünfzig, die sich in manchen Management-Systemen zu einer automatisch sich selbst erfüllenden Prophezeiung entwickelt haben. Diese soziologische Erfindung beruht überwiegend auf den Forderungen und Platzansprüchen der Jüngeren, die legitime Gründe finden möchten, um möglichst viele Ältere aus dem Wege zu räumen, die den eigenen Ehrgeiz und die Selbstverwirklichung behindern. Peter Drucker hat ironisch formuliert: »Soziologie ist wie Pickel. Die Zivilisation stirbt nicht an dieser Krankheit, aber es juckt.« (Drucker ist internationaler Management-Berater der Weltindustrie.)

Welche wirklichen Entwicklungen in den Jahren zwischen fünfzig und sechzig stattfinden, wird uns in unseren weiteren Überlegungen beschäftigen.

JENSEITS DER
ILLUSIONEN

Aus unserer Alltagssprache kennen wir alle den Ausdruck: das »gesetztere Alter«. Warum diese Lebensstufe ausgerechnet mit dem Sitzen oder Sich-gesetzt-Haben verbunden wird, bleibt etwas rätselhaft. Stabilität, Beharrungsvermögen, Ausdauer, Bedachtsamkeit, Verläßlichkeit, Gleichmaß und Sinn für Gerechtigkeit sind positive Merkmale dieser Lebensstufe, die allerdings auch leicht in negative Eigenschaften umschlagen können, wie etwa unbewegliche Starre, Selbstgerechtigkeit und Mangel an Einsichtsbereitschaft und Interesse für Neues. Die Lebensjahre jenseits und im Beginn der fünfziger Jahre sind oft als das kritische Alter des Mannes bezeichnet worden, weil die vorausgehende Konfrontation mit den eigenen Begrenztheiten, verlorenen Möglichkeiten und Enttäuschungen zu verschiedenen Ergebnissen führt, je nachdem, ob die eigene Wirklichkeit angenommen, verstanden und verändert werden kann oder abgelehnt und verleugnet wird, um Illusionen früherer Lebensabschnitte aufrechterhalten zu können. Im letzteren Falle entsteht ein immer größer werdender Mangel an Übereinstimmung zwischen den tatsächlichen Möglichkeiten und den aus früheren Lebensabschnitten stammenden hartnäckig aufrechterhaltenen Illusionen, der um so spürbarer sich bemerkbar macht, je weniger in der Wirklichkeit konkret unternommen wird, um ein einst erstrebtes Traumziel vielleicht doch noch zu erreichen. Das führt leicht zur Depression, die durchaus heilsam sein kann, wenn dadurch die Anerkennung der eigenen Wirklichkeit erreicht wird, wozu dann jedoch auch gehört, sich mit eigenen Unfähigkeiten abfinden zu können. Die Gesetztheit entsteht im Grunde wohl aus dieser ruhigen Einsicht und nüchternen Klarheit über die verbliebenen eigenen Möglichkeiten. Bescheidung auf das realistisch Mögliche ist der erste Schritt. Freude am Gegebenen und Zufriedenheit mit dem Erreichten eröffnen paradoxerweise dann andere Möglichkeiten, die zuvor, sei es aus Ehrgeiz, Zeitmangel oder Lebensblindheit, nicht wahrgenommen oder als nicht der Mühe wert befunden wurden.

Es ist also keineswegs ein Leistungsknick, wenn Menschen in den fünfziger Jahren, jenseits der Turbulenz der mittleren Lebensjahre, beginnen, sich auf sich selbst zu besinnen, und gerade jene Bereiche wieder entdecken, die sie einst aus beruflichem Ehrgeiz, um einer Karriere willen oder aus Überlastung vorübergehend aufgegeben haben. Vielmehr ist dieser Reifungsschritt von erheblicher Bedeutung, nicht nur für das Leben des einzelnen, sondern mehr noch für die Stabilität und den Erfolg von Unternehmen genauso wie für die politische Atmosphäre ganzer Gruppen und Gemeinschaften. Wenn der Lauf der Welt ausschließlich von jugendlichen Hitzköpfen bestimmt würde, so wäre kaum je ernsthafte Stabilität oder konstante Entwicklung zu erwarten.

Es war Theodor Heuss, der als Bundespräsident in launiger Weise einer schwäbischen Weisheit zu neuer Bedeutung verhalf, die sich in vielem gerade auf diese Lebensphase anwenden läßt: »Was geht mich mein saudummes Geschwätz von vorgestern an!« Das eigene »Geschwätz von vorgestern« erscheint auf dieser Lebensstufe in anderem Licht, weil wir uns von eigenen Irrtümern, Fehlschlüssen und Fehlern distanzieren möchten. Wir müssen diesen inneren Abstand erreichen, um den neuen Lebensabschnitt bewältigen zu können. Das kann durchaus schmerzhaft sein, und die humorige Distanzierung verrät dabei durchaus einen bestehenden Leidensdruck in der drastischen Feststellung, daß etwas, was wir früher sagten oder getan haben, durchaus »saudumm« gewesen sein mag. Die Einsicht, Fehler begangen zu haben, und die Fähigkeit, sich dazu offen zu bekennen, erscheint jedoch weit mutiger und konstruktiver als der Versuch, auf einem Selbstideal zu beharren, dessen verrottete Züge kaum noch zu verheimlichen sind. Dazu gehört Mut, und dieser Mut unterscheidet sich in vielem von der Kühnheit jüngerer Jahre, vor allem dadurch, daß Geschehenes weder rückgängig gemacht werden kann noch sich beschönigen läßt, außer durch das Einstehen für eigene Irrtümer und Fehler.

Peter Ustinov charakterisiert eine solche Szene in einem fiktiven Dialog, den die Hauptfigur seines Theaterstückes »Endspurt« mit sich selbst führt: Sam im Alter von achtzig Jahren, der seine Memoiren schreibt, führt eine Unterhaltung mit Sam im Alter von fünfzig Jahren. Sam, Mitte fünfzig, hat gerade eine zu anstrengende Liebschaft, die ihm nahezu einen Herzinfarkt einbrachte, durch ein kostbares Geschenk an seine teure, blonde Geliebte beendet. Den Zeitfaktor überspringend, wendet sich Sam Mitte fünfzig plötzlich in dieser Szene an den alten, achtzigjährigen Sam mit der Frage: »Wieviel hinterläßt du denn eigentlich deinen Erben?« Der achtzigjährige Sam, von seinen Memoiren aufschauend, antwortet seinem fünfzigjährigen Ebenbild sarkastisch: »Es wären 30 000 Pfund mehr gewesen, wenn du Narr nicht soviel unsinniges Geld in diese blöde Ziege investiert hättest!«

Sicher sind solche mitunter durchaus peinlich bedrücken- den Selbsteinsichten den späteren Lebensstufen vorbehalten, wenn sie sich mit eher gütigem, verzeihendem Humor ertra- gen lassen, aber die Jahre zwischen der mittleren Lebenskrise und dem hohen Alter enthalten bereits vorbereitende Erleb- nisse, die diese spätere friedliche, ausgesöhnte Haltung erst ermöglichen.

Je nach Begabung, sozialer Herkunft, Lebensablauf, Ehe und Familienschicksal enthält die Stufe der Gesetztheit dann aber auch widersprüchliche Überraschungen, die zu neueren Entwicklungen führen. Um dies systematisch betrachten zu können, müssen wir sowohl die verschiedenen Entwicklungen von Mann und Frau berücksichtigen als auch die Haupt- bereiche, in denen es zu Veränderungen kommt, nämlich in der Familie, im Beruf und im Bereich der Freundschaften und Bekanntschaften.

Im Berufsleben erreicht der Mann der gesetzteren Al- tersstufe im Durchschnitt eine Position, die ihm zunehmend mehr Verantwortung für die Entwicklung und die Arbeit anderer, meist jüngerer Menschen auferlegt. Es gibt kaum ein technisches, administratives oder wissenschaftliches Problem, das der Mann dieser Lebensstufe in seinem Beruf nicht kennen würde und in Theorie und Praxis bewältigt hat. Die Erledigung der jeweiligen berufstechnischen Einzelheiten bereitet ihm kaum mehr nennenswerte Schwierigkeiten. Im Gegensatz dazu ist er in den meisten Berufen auf den Umgang mit Menschen gewiß fachlich nicht ausreichend vorbereitet und versucht, mit diesen Problemen gleichsam mit der linken Hand fertig zu werden, indem er seiner eigenen Psychologie folgt. Das scheitert allein daran, daß andere Menschen eben eine andere Psychologie haben, weil sie anders sind. Er kann nun versuchen, seine eigenen Lebensprinzipien autoritär mittels der Macht seines jeweiligen Amtes durchzusetzen, wird aber bald auf diesem Wege erneut scheitern und zunehmende Schwierigkeiten im Beruf und in der Familie haben. Gewiß gehören sein Widerstand gegen allzu modische Neuerungen und seine Beharrlichkeit und Ausdauer im Durchsetzen bewährter Traditionen zu den Eigenschaften, die Stabilität garantieren. Sie werden jedoch leicht zu Hindernissen, wenn seine Lernfähigkeit oder seine konstruktive Neugier erlischt; und er gerät in Gefahr, von Jüngeren überflügelt zu werden, wenn er nicht bereit ist, sich belehren zu lassen. Das mag den alten Stolz und das frühere Allmachtsgefühl kränken, die Offenheit für Neues bestimmt jedoch mehr als nur den weiteren beruflichen Entwicklungsweg. Vielmehr kann die uneingestandene Angst dann zu allerlei körperlichen Funktionsstörungen führen, die sich zu Krankheiten entwickeln können. Erhöhter Blutdruck ist ein ähnliches Anzeichen wie Verdauungsbeschwerden, Schlaflosigkeit oder Rückenschmerzen. Wir sind hier erst in den Anfängen der Erkenntnis, wie weit Alterungssymptome und körperliche Krankheiten in den höheren Altersgruppen weniger auf Abnutzungserscheinungen als auf ungelösten Konflikten aus einer falschen inneren Lebenshaltung beruhen.

Sicher ist, daß diese Lebensstufe die Fähigkeit zum Durchhalten, Aushalten von Belastungen und zur Geduld mit sich selbst und mit anderen in höherem Maße erfordert als alle Lebensstufen zuvor. Gerade deshalb ist das ausgleichende Gegengewicht von Ehe und Familie um soviel wichtiger, genauso wie sinnerfüllende Freizeit.

Ich erinnere mich eines Betriebes, in dem ein mit sich selbst unzufriedener, autoritär erstarrter Vorgesetzter durch rücksichtslose Aggression und ständige Abwertung nicht nur seine wertvollsten Mitarbeiter davonscheuchte und zum Teil durch von ihm verursachte psychosomatische Krankheitssymptome verlor, sondern schließlich selbst an einem schweren Konstruktionsfehler scheiterte, der ihm unterlief. Er war nicht nur unfähig, Verantwortung zu teilen und zu delegieren, sondern handelte unbewußt nach dem Prinzip: »Ich bekomme keine Magengeschwüre – eher sorge ich dafür, daß andere sie kriegen!«

Das Merkmal dieser Lebensstufe wird verfehlt, solange die Vorstellung der eigenen Unersetzbarkeit aufrechterhalten wird, denn die Hauptaufgabe dieses Abschnittes besteht im Abgeben und Übertragen von Verantwortung auf andere, die zwar Rat, Ermutigung, Hinweise und milde Kontrolle brauchen, um selbst in Zukunft in ihre Aufgaben hineinwachsen zu können, aber keineswegs als Sklaven behandelt werden dürfen. Die ironische Theorie vom fallenden Ziegelstein erweist sich dabei als ebenso wertvoll wie die Einsichten des Peter-Prinzips. Während letzteres besagt, daß jeder Mensch sich davor hüten sollte, eine Beförderung zu einem Amt anzunehmen, das jenseits seiner Fähigkeiten und Kompetenz liegt, wenn er gesund und am Leben bleiben will, deutet die Ziegelsteintheorie darauf hin, daß jederzeit ein lockerer Dachziegel unerwartet unser Haupt treffen kann, wobei sich dann erweist, daß weder der Betrieb in unserer Abwesenheit zugrunde geht noch daß wir unersetzbar sind.

»In der Beschränkung zeigt sich erst der Meister«, sagt Goethe, was uns vor den Versuchungen des alles Sein-Können-nens und Tun-Wollens behüten will. Wer Mitte der fünfziger Jahre noch unter der Gier aufgesplitterter Interessen leidet, die er alle gleichzeitig befriedigen will, ist in Gefahr, den Sinn dieser Lebensstufe durch Flucht in frühere Verhaltensweisen zu verfehlen. Konzentration auf den verbleibenden Zeitraum von zehn bis fünfzehn Jahren vor der Ruhestandsphase ist eine unerläßliche Vorbedingung im Berufsleben, die dann eher eine mögliche Beförderung mit sich bringen kann als wildes Umsichschlagen und konfuser Ehrgeiz. Wir sehen tagtäglich die Bilder derjenigen, die auf dieser Lebensstufe daran scheitern, daß sie unverändert weiterrennen, bis ihnen der Atem ausgeht. Dabei bedeutet die Verringerung des Tempos keineswegs ein Nachlassen, sondern eher eine höhere Intensität und Vertiefung in die Arbeitsaufgaben. Allerdings begreifen die meisten Betriebe nur sehr langsam, wie wichtig diese konzentrierte, kritische Intensität als Funktion gereifter Mitarbeiter ist, um ein Gegengewicht gegen fehlschlagende Neuerungssucht zu schaffen, die allzu oft mit späteren Verlusten verbunden ist.

Wir nähren immer noch gerne die Illusion, Beruf und Privatleben ließen sich voneinander trennen. Im Lebensablauf sind aber tatsächlich Arbeit, Freizeit und Schlaf untrennbar ineinander verwoben, so daß sie einander ständig beeinflussen, ohne daß wir in Wirklichkeit scharfe Grenzen ziehen könnten. Die Vielfalt der Lebensschicksale erlaubt es nicht, alle Möglichkeiten zu beschreiben, die solche wechselseitigen Einflüsse beweisen; aber einige Beispiele mögen die kritischen Entwicklungen verdeutlichen. Eine unerklärbare, sich hinziehende Krankheit der Ehefrau wird das Berufsleben des Mannes in jeder Phase des Lebens beeinflussen, auf dieser Stufe jedoch um soviel mehr, als er sich bereits in einer Grenzsituation befindet. Die Furcht vor dem Verlust des Ehepartners, die Fragwürdigkeit einer späteren Wiederverheiratung, die verborgene Furcht vor dem Alleinsein und die bange Frage nach dem Sinn des eigenen Weiterlebens können ihn so weit überwältigen, daß die berufliche Arbeit trotz besten Willens beeinflußt wird. So auch der Verlust der Eltern und die damit verbundene, lange andauernde Konfrontation mit vielen vergessenen Kindheits- und Jugenderinnerungen, die sich auch im Berufsalltag nicht ohne weiteres verdrängen lassen. So gibt es Einschnitte im Leben jedes Menschen, die sich oft auf *dieser* Lebensstufe ereignen, weil das Altersverhältnis zwischen den Generationen diesen Zeitpunkt wahrscheinlicher macht.

Umgekehrt ist die Sorge um die Entwicklung der erwachsen gewordenen Kinder, ihr Finden oder Verfehlen des gewünschten Lebensweges ein Inhalt, der schließlich im Berufsleben nicht einfach verdrängt werden kann und oft genug bittere Selbstzweifel im Rückblick auf den eigenen Lebens- oder Berufsweg auslöst. Schuldgefühle und Bedauern eigener Versäumnisse sind deshalb durchaus normale Lebensinhalte dieser Stufe, zumal keineswegs alle Kinder stets ohne jede Komplikation die eigene Entwicklung am Anfang ihres Erwachsenenlebens bewältigen dürften.

Das läßt die Bedeutung der Familienentwicklung auf dieser Lebensstufe erkennen. Wenn auch die Lage der einzelnen Familien durchaus verschieden ist, so ist im Durchschnitt doch innerhalb der westlichen Zivilisation damit zu rechnen, daß je nach Kinderzahl und Heiratsalter Mann und Frau im Alter zwischen fünfzig und sechzig Jahren die Familie als einen wechselseitigen Ablösungsprozeß erleben, durch den beide Partner nicht nur aufeinander zurückgeworfen werden, sondern auch intensiver erleben, wie sehr sie aufeinander angewiesen sind. Das ist weitgehend davon abhängig, wie weit die eigenen Kinder ihren Lebensweg selbständig aufnehmen und ihre eigenen Vorstellungen in ihrer Existenz verwirklichen können. Nehmen wir für die heute Fünfzig- bis

Sechzigjährigen ein durchschnittliches Heiratsalter von fünfundzwanzig Jahren an – obwohl damals viele Ehen früher geschlossen wurden –, so landen wir rückläufig in den Jahren 1941 bis 1951 der Geburtsjahrgänge 1916 bis 1926. Dabei sollte nicht außer acht bleiben, welche historischen und persönlichen Ereignisse sich im Leben dieser Generationen abgespielt haben, die zur Grundmelodie dieser Lebensepoche gehören. Wir vergessen das allzu leicht angesichts der Selbstverständlichkeit von Fernsehen, Radio und die ganze Welt umspannenden Flugmöglichkeiten des »Hier und Jetzt«. Das maximale Alter des ältesten Kindes wäre dann zwischen fünfundzwanzig und fünfunddreißig Jahren, das der jüngeren Kinder jedoch allenfalls zwischen dreißig und zwanzig Jahren. In dieser Lebensstufe geschieht also innerhalb der Familie etwas ähnliches wie in den früheren Jahren unseres eigenen Lebens, nur mit dem Unterschied, daß wir all dies gleichsam nur aus zweiter Hand erleben können. Da sind Schwierigkeiten zu bewältigen, wie etwa die Partnerwahl der eigenen Kinder. Man muß zur Beruhigung all jener, die von eigenen Fehlern geplagt sind, die sie vermeintlich begangen haben, doch sagen, daß es im allgemeinen eine Ausnahme darstellt, wenn ein Vater mit der Partnerwahl seiner Töchter oder eine Mutter mit der der Söhne völlig übereinstimmt. Das rührt vor allem von zwei Faktoren her. Der Vergleich mit der Erinnerung an die eigene Partnerwahl liegt nahe, wobei alle idealisierten Vorstellungen wieder erweckt werden, um so mehr, je stärker der Wunsch vorherrscht, die eigenen Kinder sollten es richtiger machen. Dabei wird meist wenig bedacht, wieviel die Kritik oder das Einverständnis mit der Partnerwahl der eigenen Kinder über uns selbst, die eigenen Lebenserwartungen und Ehevorstellungen aussagt. Hinzu kommt noch ein anderes Element, das vor allem von Frauen leicht übersehen wird: die rückwärtige Identifizierung. Ich erinnere mich lebhaft an mehrere Mütter, die ihre möglichen Schwiegersöhne so interessant fanden, daß ihnen dabei völlig entging, wie sehr sie unbewußt in eine Konkurrenz mit der eigenen Tochter gerieten. Umgekehrt neigen viele Väter dazu, den Auserwählten der eigenen Tochter nicht nur mit kritischem Mißtrauen zu betrachten. Sie sind vielmehr oft überzeugt, daß der Betreffende nicht gut genug für die Tochter sei. Ähnliche Probleme spielen sich auch zwischen den jeweiligen Schwiegereltern ab, die ja keineswegs selbstgewählte Freunde der Familie sind und oft genug dazu zwingen, sich mit völlig anderen Lebensauffassungen auseinanderzusetzen.

Die heranwachsenden Kinder verändern das eigene Leben jedoch nicht nur dadurch, daß sie ihre Freunde und Bekannten mitbringen, sondern eines Tages nach der Eheschließung uns auch in den Stand der Großeltern versetzen. Diese sanfte Mahnung an den fortschreitenden Alterungsprozeß wird nicht immer dankbar aufgenommen. Um so häufiger ist dann die Kritik an den Erziehungsmethoden der eigenen Kinder gegenüber den Enkelkindern. Besonders Schwiegermütter gefallen sich gelegentlich in der Rolle, alles besser zu wissen und angeblich bessere Erfolge mit den eigenen Kindern gehabt zu haben als die Schwiegertochter mit den ihren. Die Familienkonflikte zwischen den Generationen und den verschwägerten Familien haben meist wenig mit der gegebenen Wirklichkeit zu tun und lassen sich eher auf idealisierende Erinnerungstäuschungen über die eigene Kindheit, Jugend und Ehe zurückführen. Bedeutsamer im Leben der Frau ist in diesem Alter das Gefühl, gebraucht zu werden. Je weniger eine seit langem bestehende Ehe trägt und vielleicht in einem Stadium toleranter Gleichgültigkeit und milder Langeweile angelangt ist, desto größer wird die Versuchung sein, nicht nur am Leben der erwachsenen Kinder möglichst aktiv teilzunehmen, sondern sich einzumischen, um dadurch neue Bedeutung und vermehrten Kontakt zu erreichen, der die eigene Leere füllen soll.

Frauen fühlen sich auf dieser Lebensstufe leicht im Stich

gelassen und vereinsamt, solange der Mann in seinen Beruf flüchtet und als Ausweichreaktion eine stärkere Bindung an Freunde entwickelt oder seinen eigenen Hobbys und Vergnügungen nachgeht. Dann hängt es weitgehend davon ab, ob eine Frau neue Inhalte jenseits von Haushalt und Kindern gefunden und schon in den vorausgehenden Jahren entwickelt hat, was ohne die Stützung durch gleichgesinnte, gleichaltrige oder ältere, erfahrenere Frauen nur schwer möglich ist. Der Rückfall auf eine Identifizierungsstufe mit der eigenen Tochter oder Schwiegertochter führt dann jedoch leicht zu Mißverständnissen und Schwierigkeiten, weil Töchter und Schwiegertöchter notwendigerweise um die eigene Selbständigkeit kämpfen müssen, wenn sie die Aufgaben ihrer *eigenen* Lebensstufe erfüllen wollen. Für die zuvor nicht berufstätige »Nur-Hausfrau« ist es daher sehr viel schwieriger als für den Mann, auf dieser Lebensstufe neue innere Sicherheit zu gewinnen. Sie bedarf dazu der Unterstützung und des Verständnisses des Mannes. Paradoxerweise ist das innerhalb einer Ehe dann am ehesten möglich, wenn gemeinsame Erinnerungen geweckt werden können. Männer schließen sich häufig dagegen ab, weil sie sich nur ungern an frühere Gefühle erinnern und überhaupt mit Gefühlen auf dieser Lebensstufe besonders schlecht umgehen können. Nicht selten trifft in diesem Stadium den Mann eine Enttäuschung im Beruf, er steht vor Aufgaben, die ihm plötzlich zu schwierig erscheinen, hat Ärger mit Vorgesetzten oder Untergebenen, oder er verliert unerwartet Freunde, oder aber – der häufigste Fall – er befürchtet heimlich ein Nachlassen seiner sexuellen Potenz. Was immer im einzelnen das einschneidende Ereignis sein mag, die Bereitschaft, von alten, starren Gewohnheiten abzuweichen und eine neue Sichtweise innerhalb der Ehe zu entwickeln, besteht unbewußt schon von dem Augenblick an, an dem das letzte Kind erkennbar seinen eigenen Weg geht. Leider verpassen viele Ehefrauen diesen wichtigen Augenblick, indem sie selbst in Gewohnheiten erstarren und den Sinneswandel des Mannes übersehen. Ich bin oft genug bei

Ehefrauen dieser Lebensstufe eher einem mißtrauischen Verdacht begegnet, wenn der Ehemann plötzlich nach vielen Jahren als Ausdruck seines Nachdenkens über die wirkliche Zuneigung, entgegen seinen sonstigen Gewohnheiten, mit einem Geschenk, Blumen oder einer liebevollen Aufmerksamkeit seine Gefühle zum Ausdruck bringen wollte. Weil die Haltungsänderung des Mannes als ungewohnt erlebt wird, richtet sich der Verdacht dann oft auf eine andere Frau, die in Wirklichkeit nicht existiert. Wer sich in zwanzig oder dreißig Jahren einer Ehe an eine bestimmte, wortkarge, mitunter brummige und selten heitere Art der Beziehung gewöhnt hat, auf die er in ähnlicher Weise antworten kann, wird natürlich mißtrauisch, wenn eine plötzliche und ungewohnte Veränderung eintritt, deren Bedeutung noch nicht glaubwürdig erscheint. Tatsächlich aber bedarf diese Lebensstufe einer anderen Art der Bestandsaufnahme als die mittlere Lebenskrise. Während am Ende der mittleren Jahre jeder Partner mehr oder weniger mit sich selbst ins reine zu kommen versucht, was zu vorübergehend stärkerer Entfremdung führen kann, versuchen beide Partner nun insgeheim, jeder für sich selbst, bestimmte Fragen zu stellen – so etwa: »Was müßte sich zwischen uns ändern, damit wir zufrieden weiter miteinander leben können, ohne uns das Leben unnötig gegenseitig sauer zu machen?« Freilich haben beide Partner dabei lange Zeit die heimliche Hoffnung, der andere möge anfangen, davon zu reden, aber merkwürdigerweise wirkt sich das im Unbewußten dahingehend aus, daß beide annähernd zum gleichen Zeitpunkt den Entschluß verwirklichen, nun doch endlich auszusprechen, was sie schon lange fühlen. Das wird um so eher geschehen, wenn die ökonomischen Verhältnisse relativ sicher und frei von ernsterer Sorge sind und keine besonders schwerwiegenden Probleme mit den Kindern oder Konflikte in der Familie bestehen.

So kommt es schließlich zu einer weiteren Bestandsaufnahme der Ehe, die im günstigsten Fall auch das ehrliche

Eingeständnis *aller* früheren Versuchungs- und Versagungssituationen einschließt. Freilich gibt es Männer, die aus Angst vor dem Altern auch auf dieser Lebensstufe noch davonzulaufen versuchen, auf der Jagd nach jüngeren Frauen, von denen sie sich die Heilung der eigenen Ängste vor dem Altwerden versprechen. Jede Frau sollte sich glücklich preisen, wenn der Mann dieser Lebensstufe von solchen Abenteuern reumütig zurückkehrt, denn erst jetzt ist er wirklich reif für ein ernstes Gespräch. Leider verkennen viele Frauen die tiefe Verwundung des Selbstwertgefühles solcher geschlagenen Eros-Helden, oder ihr Rache- und Anklagebedürfnis aus eigener Frustration überwiegt die bessere Einsicht, daß ein solcher Mann vielleicht erstmals begriffen hat, wie wertvoll die Gleichmäßigkeit und Verläßlichkeit seiner Ehegemeinschaft tatsächlich ist.

Auch Frauen erliegen in diesem Alter gelegentlich der Versuchung, sich einen Ausgleich für eine frühere Untreue des Mannes verschaffen zu wollen, die sie ihm nie ganz vergeben haben. Aktivität und Emanzipation werden dabei oft mißverstanden, während es sich in Wirklichkeit um eine späte Ausnutzung der Sexualität für unbewußt aggressive Zielsetzungen oder Rachebedürfnisse handelt.

Neuere Forschungen haben übrigens ergeben, daß zwar in den meisten Kulturen die Aggression der Knaben die der Mädchen überwiegt, jedoch gleicht sich dies mit zunehmendem Alter dahingehend aus, daß Frauen später in höherem Lebensalter aggressiver werden als Männer. Wie immer man Aggression einstufen mag, als angeborene Triebqualität oder als Ergebnis sich aufstauender Frustrationserfahrungen, diese Umkehr der Verhältnisse ist bedeutsam für die Bewältigung der Bestandsaufnahme, die eine Vorstufe des Vergebens und Verstehens darstellt.

Zwischen dem fünfundfünfzigsten und fünfundsechzigsten Lebensjahr sollte allerdings diese Bestandsaufnahme der Partnerschaft so weit abgeklärt sein, daß der Übergang in höhere Altersstufen auf friedliche Weise erfolgen kann. Ohne jede Überidealisierung würde eine reife Lösung darin bestehen, daß auf eine neue Weise die ursprünglichen Inhalte, von denen die Partnerbeziehung bestimmt wurde, wiederbelebt werden, jedoch nicht nur in gemeinsamen nostalgischen Rückblicken, sondern vor allem durch Überlegungen, auf welche Weise die gegenseitige Verschiedenheit nicht nur wie bisher erduldet, sondern schöpferisch genutzt werden kann. Auf einer sehr einfachen, konkreten Stufe habe ich mehrfach erlebt, daß Männer, die Kochen und Hausarbeit stets mit einer gewissen Mißachtung als selbstverständlich von der Frau zu erbringende Leistungen hingenommen hatten, plötzlich begriffen, wieviel dazu gehört, diese Arbeit über viele Jahre hin ohne Murren zu tun. Die Bestandsaufnahme führt also zugleich auch zu einer Art Wiedergutmachung, wenn die Zielsetzungen dieser Lebensstufe begriffen werden. Das wird im einzelnen verschieden aussehen. Der Mann, der niemals ausging, spürt plötzlich die Notwendigkeit, mit seiner Frau in einem guten Restaurant zu essen, ins Theater oder Konzert zu gehen, anstatt ins Kino, obgleich er zuvor den Kunstinteressen seiner Frau mit milde überlegenem Lächeln begegnete. Die Ehefrau, die nie begreifen konnte, wie der Mann seine Zeit mit Angeln vertrödelte, während doch so viel im Haushalt zu putzen war, gibt plötzlich die Putzteufelei auf, die nur Ersatz und stummer Vorwurf war, und findet selbst nun Fischen aufregender, als es ihr Mann je erlebte. Es gibt viele Beispiele für diese Art der ausgleichenden Wiedergutmachung für vergangene Versäumnisse auf beiden Seiten. In jedem Fall dienen diese Veränderungen einer neuen Art der Annäherung, bei der vieles zuvor Abgelehnte, Verworfene oder sogar Verurteilte im Verhalten des anderen schrittweise neu, oft zum erstenmal erprobt und schließlich so angenommen wird, daß es zu wechselseitiger Befriedigung beiträgt. Das kann auch auf sexuellem Gebiet eine größere

Ungehemmtheit sein, oft eine völlig neue, tiefere Intimität begründend, für die zuvor weder Verständnisbereitschaft noch Zeit bestanden.

Es ist dann nicht mehr notwendig, den eigenen Standpunkt, eigene Gewohnheiten, vermeintliche Vorrechte oder ängstlich gehütete Privatbereiche aufrechtzuerhalten, da das Bewußtsein zunimmt, daß auf diesem Teil der Lebensstrecke friedliche Gemeinsamkeit, Zufriedenheit und gegenseitiges Verstehen von Jahr zu Jahr wichtiger werden. Jene Karikaturen des Schwarzen Humors, in denen auf viele Weisen dargestellt ist, wie die Phantasie älterer Ehepaare ausschließlich davon besetzt ist, wie man den verhaßten Ehepartner umbringen oder zum eigenen Vorteil loswerden könnte, bestätigen eigentlich nur, welche innere Pein und welche tatsächlich mörderischen Gefahren entstehen, wenn weder die vorhergehende noch diese Lebensstufe den inneren Gesetzen der Lebensentwicklung entsprechend bewältigt wird. Verfehlen wir die Chance der Stabilisierung und verbleiben im Streitverbund der mittleren Lebenskrise, die überwiegend von den Resten der eigenen kindlichen Selbstliebe bestimmt wird, so dürfen wir uns nicht wundern, wenn spätere Jahre zu einer Hölle werden, in der jeder die Erlösung vom anderen erwartet, zugleich dabei seine Schuldgefühle ständig vergrößernd, die Anlaß zu immer neuen Aggressionen und Streit geben – ein Teufelskreis, der schließlich in Mord- und Vernichtungsphantasien endet. Dennoch bereiten sich die meisten Menschen eine solche Hölle selbst allein dadurch, daß sie sich weder mit den eigenen Grenzen noch mit denen des Partners zufriedengeben können, sondern immer wieder mehr verlangen, um dabei der Einsicht zu entgehen, daß die Ursachen ihrer Unzufriedenheit und des Unfriedens zum größten Teil in ihnen selbst liegen.

Menschen des gesetzteren Alters, die diese Lebensstufe erfolgreich bewältigt haben, strahlen eine gewisse Sicherheit, Vertrauen und Verläßlichkeit aus. Sie sind kaum zu beirren, da sie in der gemeinsamen Bestandsaufnahme sich gegenseitig um viele Einsichtsmöglichkeiten in Irrtümer, Fehler, verfrühte, falsche Schlußfolgerungen und denkbares menschliches Versagen bereichert haben. Sie sind nicht mehr darauf aus, Liebe *haben* zu wollen, vielmehr sind sie bereit, Liebe und Geduld zu *geben*, weil sie einander haben. Das schließt auch das schmerzliche Bewußtsein ein, eines Tages einander verlieren zu können und allein sein zu müssen. Man erreicht die Reifestufe, in der der Tod zum Leben gehört und keinen Schrecken mehr bereitet, stets nur deshalb gemeinsam mit einem anderen Menschen, weil sich kein Mensch seinen eigenen Tod selbst vorstellen kann. Jede Vorstellung des Todes ist stets das Sterben eines anderen, um das wir wissen. Die sanfte Form der Vorbereitung besteht jenseits des fünfzigsten Lebensjahres in der milden, freundlichen Formel: »Eines Tages, wenn wir dann alt sein werden ...« Unausgesprochen, aber im stillen anerkannt, enthält dieser Gedanke das gemeinsame, nicht ohne Bangigkeit getragene Wissen der Begrenzung jedes Menschenlebens. Sie unterscheidet sich von jener als Witz berichteten Trostformel einer älteren Ehefrau: »Wenn einer von uns beiden stirbt, ziehe ich wieder nach Berlin!« Freud hat darauf hingewiesen, daß der Witz das kontrollierende Über-Ich überlistet und uns entlastet. Dieser Witz ruft nur deshalb Lachen in uns hervor, weil unbewußt jeder Mensch jenseits der mittleren Stufe sich nicht nur mit der eigenen Lebenserwartung, sondern auch mit der des Partners beschäftigt, auch wenn das nicht ausgesprochen wird. Lebensversicherungen, Hinterbliebenen-Renten, Testamentserklärungen und Pensionsrechte hätten nicht den geringsten Sinn, wenn wir nicht stillschweigend von einem bestimmten Alter an die Möglichkeit des Partnerverlustes als eine Lebensrealität in Betracht ziehen würden. Das macht uns ernster und gefaßter, aber es bedeutet zugleich auch eine Stärkung der Gemeinsamkeit. Freilich wirkt es wenig ermutigend auf einen Mann, selbst wenn er die statistische Tatsache kennt, daß Frauen ihre Männer im Durchschnitt drei bis fünf Jahre überleben, wenn seine Frau ihn brüsk fragt: »Was ist eigentlich mit meiner Altersversorgung?!« Die logische, vielleicht ironische Antwort: »Wieso nimmst du an, daß ich zuerst sterbe?« enthüllt dann nur die tatsächliche Lage: Die Lebensstufe ist unbewältigt. Rivalität, Haß, Neid und Angst früher Lebensstufen bestehen fort, wirkliche Gemeinsamkeit hat sich nicht entwickelt, und insgeheim wird das Sterben des anderen Partners vorausgesetzt.

In diesem Zusammenhang wird vielleicht das Rätselraten um späte Ehescheidungen ebenso verständlich wie die ansteigende Selbstmordziffer im höheren Alter – wobei die verzweifelten Einsamkeitsentschlüsse hinterbliebener Rentenwitwen oder -witwer auszunehmen sind, die auf das Schuldkonto einer sorglos-lieblosen, egoistisch-egozentrischen Gesellschaft gehen, deren soziales Gewissen einer unstillbaren Gier zum Opfer fiel. Die späten Ehescheidungen beruhen meist auf dem Mißlingen einer gemeinsamen Bestandsaufnahme. Einer oder beide Partner verharren auf einer früheren Lebensstufe und verweigern gerade jene Entwicklung des Austausches, die zu neuer lebensverlängernder Gemeinsamkeit führen könnte. Die Verweigerung erfolgt dabei aus Verlustangst, die dann auf vielerlei Weise zum Ausdruck kommt: Aus Furcht, vernachlässigt oder betrogen zu werden, zu kurz zu kommen, werden unbefriedigte, überhöhte Ansprüche gestellt, ohne dabei selbst eine einzige der Forderungen zu erfüllen, die konstant gegenüber dem Partner erhoben werden. Es gibt viele Fehlformen, in denen diese Verweigerung zum Ausdruck kommt. Der jähe Rückfall auf völlig kindliche Stufen der Anspruchlichkeit in unrealistischen Erwartungshaltungen kennzeichnet mitunter die Flucht vor den Anforderungen, die diese Lebensstufe stellt. Solche Entwicklungen enden dann leicht in der Wahnwelt von Psychosen, um der Wirklichkeit und ihren Entwicklungsforderungen zu entgehen. Bestimmte Voraussetzungen der Kindheit als innerseelische Strukturelemente verursachen gelegentlich solche Rückgriffe auf kindliches Verhalten, das dann mitunter als frühe Gehirnverkalkung diagnostiziert wird, während in Wirklichkeit meist die Versäumnisse früherer Lebensstufen und -entwicklungen einfach nicht mehr nachzuholen sind. Das Entwicklungsdefizit wurde zu groß. Dennoch ist diese Form der Fehlentwicklung zwischen den fünfziger und sechziger Jahren selten.

Häufiger dagegen ist der jähe Schreck einer inneren Einsicht, die lange verleugnet wurde. Wir wissen nicht genau, was im einzelnen Leben zum plötzlichen Herztod geführt hat, wenn sich im Sektionsbefund des Pathologen keinerlei Anzeichen für einen Gefäßverschluß oder einen Herzmuskelschaden finden. Allenfalls können wir bei genauerer Kenntnis des Lebenslaufes und von Daten der innerseelischen Erlebnisweise des Verstorbenen erschließen, was sich gelegentlich auch aus Tagebuchaufzeichnungen, Briefen, Notizen oder vertraulichen Gesprächen ergibt. Nicht selten findet sich dabei eben jenes plötzliche Erschrecken über das eigene Leben – dessen Unsinnigkeit, Versäumnisse und verleugnete Schuld –, das dann möglicherweise, ähnlich wie ein äußerer Schreck unter bestimmten, zuvor bestehenden Belastungsbedingungen, eine Überreaktion des vegetativen Nervensystems herbeiführen kann. Wahrscheinlicher ist, worauf Freud sehr früh hinwies, daß geräuschlos arbeitende, unterdrückte, aggressive Triebimpulse langfristig gegen die eigene Person gerichtet werden, die gleichsam das ungelebte Leben beinhalten, das nicht zur Sprache gekommen ist.

Je mehr solche unbewußten, unterdrückten Aggressionsgefühle sich insgeheim gegen den Partner richten, desto eher wird die Aufgabe dieser Lebensstufe, die gemeinsame Bestandsaufnahme und der gegenseitige Austausch um der Zukunft willen, vermieden, weil zu viel aufzuarbeiten wäre, was durch Jahrzehnte hindurch beiseite geschoben und verdrängt wurde. Dies sind tragische, traurige und gewiß oft krankhafte Entwicklungen, die allerdings vermieden werden könnten, wenn sich die Allgemeinheit über die um der Lebenserhaltung willen notwendigen inneren Entwicklungsschritte der einzelnen Stufen des Lebens im klaren wäre.

Der Zeitgeist verleitet jedoch zu einer Flucht nach außen und zu dem Glauben, daß der Lebensablauf mittels technischer Knopfdruckmethoden, biochemischer, chirurgischer oder anderer von außen kommender Beeinflussungen, Eingriffe und sozialer Veränderungen leichter zu bewältigen sei. Solcher Irrglaube verleitet auch zur Unmenschlichkeit gegenüber dem eigenen Leben. Das wird nicht nur daran erkennbar, wie Menschen sich gegenseitig behandeln, sondern vor allem daran, wie sie mit sich selbst und dem Geschenk des Lebens umgehen, das ihnen aus Selbstblindheit so zweifelhaft erscheint, daß viele annehmen, es sei völlig gleichgültig, was sie daraus machen. Es ist jedoch nicht eine Frage des Jenseits oder der Religion, sondern im Lebensablauf selbst zeigt sich auf den einzelnen Stufen, wie weit wir mit uns selbst gekommen sind, was wir verweigern oder annehmen und welche Folgen wir deshalb zu tragen haben.

Verweigerung schafft mehr Leiden als jene Schmerzen, die wir im Annehmen des persönlichen Schicksals ertragen müßten. Wer sich um den Preis des Lebens als Trittbrettfahrer drücken will, zahlt doppelt und dreifach. Niemand hat uns einen Rosengarten versprochen. Wo immer auch das Paradies gewesen sein mag, es ist verloren. Die Aufgabe besteht darin, die Konsequenzen der einst gestohlenen Frucht der Erkenntnis auf sich zu nehmen, indem Erkenntnis nicht verweigert und verleugnet, sondern konsequent als Ergebnis und Aufgabe angenommen wird.

Es gibt kaum ein besseres Lebensalter zur Bewältigung und inneren Annahme dieser Erkenntnis als die Stabilitäts-

163

phase zwischen fünfzig und sechzig. Obwohl diese Alterszahlen kein unbedingter Gradmesser für die individuelle Entwicklung sind, können wir damit rechnen, daß in diesem Altersbereich die entscheidende Wandlung eintritt, die den späteren Altersprozeß vorbereitet. Gelegenheit zur Wandlung bietet sich in diesem Lebensabschnitt fast jeden Tag, sofern wir bereit sind, die inneren Einstellungen früherer Lebensstufen langsam aber systematisch aufzugeben.

Das Ziel dieser Lebensstufe besteht für jeden Menschen darin, das ganz zu sein, was er ist, was oft genug bedeutet: mehr sein als scheinen, nicht umgekehrt, wie man es in jugendlichen Lebensstufen findet. Der Mann hat das Leben bewältigt und ist für seine Aufgabe genauso wie für andere, die ihm zugeordnet sind, allein verantwortlich. Er weiß es, kann es annehmen und wird nicht versuchen, diesen Forderungen auszuweichen. Die Frau hat genauso die Stufen ihrer Verantwortung erfüllt. Entweder sie hat Kinder geboren und großgezogen für eine Welt, in der sie von innen heraus bestehen können, weil sie ihnen mehr gab als Worte und Nahrung durch ihr Vorleben, gemeinsam mit ihrem Partner. Sie hat Irrtümer, Versäumnisse und Fehler ebenso eingesehen wie ihr Partner und fühlt keine Not, diese gegen Vorwürfe oder Anschuldigungen anderer oder der eigenen Kinder verteidigen oder erklären zu müssen, weil sie genauso zum Leben gehören wie das überwiegend Richtige und Gute, das vollbracht wurde. Oder Mann oder Frau blieben ehe- und kinderlos aus eigenem Entschluß, in der Übernahme einer anderen, bestimmten Aufgabe. Auch dann ist die Frage unvermeidlich, ob diese selbstgewählte Aufgabe wirklich voll erfüllt wurde und welche Versäumnisse, Fehler und Irrtümer des Eingeständnisses vor sich selbst bedürfen, das Wandel herbeiführen könnte. Auch der Alleinstehende wird dieses Ergebnis mit Freunden oder seinem inneren Erleben nahestehenden, vertrauten Menschen soweit teilen müssen, daß seine Fähigkeit, seiner selbst innerlich sicher zu sein und

164

anderen etwas von sich selbst geben zu können, weiter wächst. Innerer Reichtum und Reife messen sich nur daran, was wir anderen ohne Gegenforderung zu geben vermögen. Es ist das Geschenk dieses Lebensabschnittes, daß wir beginnen, das Haben- und Behaltenwollen zu überwinden aus der wachsenden inneren Sicherheit des vollen Selbst-sein-Könnens, um schließlich jener zeitlosen Wahrheit teilhaftig zu werden, daß Geben wirklich seliger ist denn Nehmen.

DIE SPÄTE
LEBENSKRISE

Vor einigen Jahren lud mich der damalige Direktor der Psychiatrischen Universitätsklinik in Pittsburgh, USA, wo ich als Gastprofessor tätig war, zu einem privaten Mittagessen ein. Er begann zu meiner Überraschung unser Gespräch mit der Bemerkung: »Wissen Sie – ich hasse Bismarck!« Auf meine dieser Eröffnung folgende etwas erstaunte Frage, warum, erfolgte prompt die Antwort: »Dieser Mann hat die Zwangspensionierung für Fünfundsechzigjährige erfunden!« Henry war damals zehn Monate vor der Vollendung des fünfundsechzigsten Lebensjahres, aber er verhielt sich so, als gäbe es weder Zeit noch das Pensionsalter mit fünfundsechzig Jahren für Lehrstuhlinhaber in Amerika. Unser Gespräch verlief dann durchaus konstruktiv, nachdem ich zunächst den historischen Irrtum berichtigte, nicht Bismarck, sondern der Arzt Virchow habe als Parlamentsmitglied diese Gesetzgebung verlangt, um Arbeiter und Angestellte vor Ausbeutung und Abhängigkeit zu schützen und ihnen einen erträglichen Lebensabend zu garantieren. Dennoch fühlte ich mich als Jüngerer befangen in diesem Gespräch, weil mir damals die Probleme der späteren Lebenskrise noch durchaus unklar waren.

Die Jahre um das fünfundsechzigste Lebensjahr herum gelten deshalb als späte Lebenskrise, weil für die meisten Menschen die am tiefsten einschneidende Veränderung seit den Schuljahren eintritt. Vom Kindergartenalter an werden wir daran gewöhnt, regelmäßig jeden Morgen früh aufzustehen, das Haus zu verlassen und zunächst die Hälfte des Tages, später mindestens acht Stunden mit einer Gruppe anderer Menschen arbeitend zu verbringen. Im Laufe des Lebens erreichen wir eine Berufsidentität und erfüllen innerhalb dieses Berufes eine bestimmte Rolle. Diese Berufsrolle bestätigt uns jeden Tag, wer wir sind, wofür wir gebraucht werden und welche Tätigkeiten und Aufgaben von uns erfüllt werden müssen. Für die Mehrheit der Menschen unserer Zivilisation endet dieser innere und äußere Bezugsrahmen in dem

Moment, in dem sie den Betrieb oder ihr Amt zum letztenmal verlassen. Durch viele Jahre hindurch wurde dieser Augenblick herbeigesehnt: »Endlich nicht mehr jeden Morgen früh raus und zur Arbeit gehen müssen . . .!« Dies ist eine Traumvision, die dann um so stärker wirkt, wenn der Arbeitsplatz nicht besonders verlockend erscheint.

Es gibt zwei extreme Einstellungen, die beide zu tragischen Katastrophen führen können. In Erwartung des Pensions- und Rentenalters glauben die einen oft, das wirkliche Leben sei vorüber, und was bleibe, sei eine Art Nachglühen von Erinnerungen in einer weitgehend passiven Zeit des Wartens auf die Unausweichlichkeit des Endes. Die anderen dagegen glauben, nun kämen die goldenen Jahre, die endlich für all die Verzichte und Selbstverleugnungen harter Arbeitszeiten entschädigen würden, die Zeit, in der das Paradies der Freiheit beginnt, von dem man so oft in früheren Jahren träumte. Beide Extreme führen zu Tragödien. Im ersteren Falle wird das Leben immer weiter reduziert, und die neuen Gelegenheiten im »Hier und Jetzt« des höheren Alters werden versäumt und übersehen. Im zweiten Falle verringert sich das psychologische Interesse genauso, wenn sich herausstellt, daß alle angesammelten Ersparnisse weder Glück noch Frieden erkaufen können.

Es gibt eine seltene, dritte Form der kritischen Entwicklung, die oft aus falscher Rücksichtsnahme von der Umgebung gefördert wird: die völlige Verleugnung des Ruhestandsalters bis zum letzten Augenblick. Der unerwartete Pensionierungstod ist die tragische Folge solcher Verleugnung. Ich erinnere mich an einen meiner Universitätslehrer, der sein Büro am Tage seiner Pensionierung um vier Uhr räumte, ohne ein Wort gegenüber seinen Mitarbeitern zu verlieren, so als würde er am nächsten Tag zur gewohnten Zeit wieder im Institut erscheinen. Am nächsten Vormittag erreichte uns die Nachricht, daß seine Haushälterin ihn am

Morgen tot im Bett aufgefunden hatte. Es bestanden keine Anzeichen für einen Selbstmord.

Der Verlauf der späten Lebenskrise hängt weitgehend davon ab, wieweit auf früheren Lebensstufen, spätestens aber am Ende der mittleren Jahre, eine innere Vorbereitung erfolgt ist, die über Jahre hin systematisch fortgesetzt wurde. Die Selbsttäuschung beginnt mit der Annahme, die Jahre des Alterns seien leichter als der frühere Existenzkampf. Wir haben gelernt, uns durchzusetzen und Konkurrenzkämpfe zu überstehen. Diese Kenntnisse helfen jedoch wenig, um mit den neuen Forderungen jenseits der beruflichen Altersgrenze fertig zu werden. Der Hauptinhalt des Lebens ist für die meisten Menschen die tägliche Arbeit. Sosehr auch viele darüber stöhnen mögen, die Zeit ist ausgefüllt. Plötzlich jedoch stehen wir einer Zeitleere gegenüber, die wir nicht ohne weiteres ausfüllen können. Hinzu kommt, daß es für einen größeren Prozentsatz von Ehefrauen eine völlig ungewohnte Situation darstellt, den Mann plötzlich tagsüber dauernd im Hause zu haben. Ich erinnere mich der bewegten Klage eines Rentners, der nun endlich all die Magazine, Illustrierten und Bücher lesen wollte, zu denen er zuvor nie Zeit hatte oder am Abend zu müde war. Sobald er sich behaglich niederlassen wollte, begann seine Frau mit dem Staubsauger herumzufuhrwerken, scheuchte ihn von einem Platz zum anderen, bis er schließlich die Flucht ergriff. Genauso gibt es genügend Fälle, in denen Männer aus Verzweiflung in der Kneipe enden, weil ihre Frauen sie zu Hause nicht ausstehen können.

Anders ist die Lage für die berufstätige Frau, die zuvor Beruf *und* Haushalt bewältigen mußte. Aber auch für sie können sich Unerfülltheit und Leere bemerkbar machen, vor allem, wenn sie als Rentnerin allein lebt und die Kinder in einer anderen Stadt wohnen. Die Angst vor der Einsamkeit, die gelegentlich auch eine Einsamkeit zu zweit sein kann, wenn die Ehebeziehungen nicht auf einer anderen Ebene erneuert werden, beherrscht viele Menschen in der späten Lebenskrise. Hinzu kommt, daß in unserer modernen Gesellschaft jene Familienmodelle verlorengingen, in denen drei bis vier Generationen eng beieinander leben konnten. Die Isolation, der Verlust von Kollegen und Freunden, ergibt neben der Zeitleere auch eine empfindliche Gefühlslücke, die sich nicht so leicht füllen läßt, denn letztlich empfangen wir von unserer Umgebung tägliche Selbstbestätigung, die uns selbst im Streit und Ärger eine Antwortmöglichkeit bietet, in der wir die eigene Existenz lebendig spüren. All das fällt weg, und die Beziehungen verringern sich zunächst auf den Ehepartner, während für Alleinstehende und Verwitwete nur wenig Wahlmöglichkeiten bleiben. In mehreren Städten habe ich viele Jahre hindurch die soziale Bedeutung von Zeitungskiosken und kleineren Einzelhandelsgeschäften beobachtet. Sie erfüllen eine wesentliche Rolle, die weder Supermärkte noch Kaufhäuser jemals verwirklichen können – es sei denn, sie würden begreifen, was das Leben jenseits der Altersgrenze bedeutet. Die meisten Kiosk-Inhaber oder die Besitzer der sogenannten »Tante-Emma-Läden« wissen freilich instinktiv, wie wichtig sie als Kontaktorgane für ältere Menschen sind, die den Einkauf als eine der wenigen verbliebenen Möglichkeiten nutzen, überhaupt mit anderen Menschen sprechen zu können, die sie kennen und denen sie vertrauen. Bei aller Bemühung vieler Großstadtgemeinden wird man nicht behaupten können, daß sie die psychologischen Probleme des Renten- und Pensionsalters ermutigend gelöst hätten. Allein der Begriff »Altersfürsorge« erweckt allzu leicht das Gefühl, nun zum alten Eisen zu gehören, für das gleichsam eine Art Schuttabladeplatz erforderlich wird. In Wirklichkeit fühlen sich jedoch Fünfundsechzig- bis Siebzigjährige bei einer höheren Durchschnittslebenserwartung keineswegs als alt, wenn sie gerade eben noch voll in der Arbeit standen, zumal sie schon heute mit einer höheren als der allgemeinen Lebenserwartung von einundsiebzig bis vierundsiebzig Jahren rechnen können. Es ist zu hoffen, daß die modernen Kollektive ihre Altersfurcht und deren Auswirkungen in der Zukunft besser begreifen.

Um so wichtiger werden jedoch jene inneren, psychologischen Vorbereitungen, die dem einzelnen helfen können, diese Lebensstufe zu bewältigen. Das beginnt lange vor dem Pensionsalter, jedoch enthalten die letzten Jahre zwischen sechzig und fünfundsechzig einige Gefahren, über die sich jeder rechtzeitig klarwerden sollte. Da ist einmal die Verleugnung des Alters, eine Art trotziger Demonstration betonter Jugendlichkeit, der beide Geschlechter leicht zum Opfer fallen können. Was im Volksmund oft als »Johannistrieb« oder »zweiter Frühling« bezeichnet wird, enthüllt sich nicht selten als Flucht des Mannes und Torschlußpanik der Frau, die mitunter zu einem kaum noch lösbaren Durcheinander führen können. In der gleichen Linie liegt der Beförderungsehrgeiz der letzten Stunde, getragen von der irrationalen Sehnsucht, am Ende doch noch einen Titel erringen zu können, nach dem man sich ein Leben lang sehnte, ohne tatsächlich ein solches Amt oder eine solche Funktion jemals wirklich ausfüllen zu können. Nicht selten sind dabei unbewußte Selbstzerstörungstendenzen am Werk oder das Bedürfnis, lieber in den Sielen sterben zu wollen, als sich der Notwendigkeit kritischer, rückschauender Betrachtung des eigenen Lebens auszusetzen.

Freilich gibt es hier Unterschiede zwischen Beamten, Angestellten und Selbständigen, da letztere häufig auch im Alter noch um Existenz und Leben kämpfen müssen, wenn sie durch Krieg und Inflation ihre Ersparnisse und ihren Besitz verloren haben. Merkwürdigerweise erhält ein bestimmtes Ausmaß von Streß uns länger am Leben als die unerfüllte Langeweile der Ruhe – ein Grund, weshalb viele Menschen jenseits des Ruhestandes eine sinnvolle Arbeit suchen.

Mitunter erscheint ein Motiv des Pensionärs, das gelegentlich in der witzig gemeinten Formel ausgedrückt wird: »Wir müssen den Staat schädigen, solange es irgend geht!« Dieses Motiv, letztlich eine langfristige Entschädigung für vermeintliche Opfer oder Verzichte der Lebenszeit in Form eines Ruhestandsgehaltes erreichen zu können, trägt jedoch nicht sehr weit, wenn das Leben nicht von anderen Motiven erfüllt wird. Ein großer Prozentsatz von Menschen findet jenseits der Altersgrenze nur deshalb Sinnerfüllung und Bestätigung in irgendeiner Arbeit, weil zuvor nicht genügend überlegt und geplant wurde, welche anderen Möglichkeiten neu entwickelt werden könnten. Für viele Menschen ist das Leben jenseits der Altersgrenze eine Rückkehr zu den Befriedigungen des Bastel- und Experimentier-Alters, was dann um so befriedigender sein kann, wenn Jüngere davon lernen können und Wissen und Erfahrung vermittelt werden. Unser Erziehungs- und Schulsystem sieht diese Möglichkeit bisher nicht vor, nicht einmal in der Berufsberatung, in der jeder Pensionär oder Rentner anschaulicher und wirklichkeitsnäher über Berufserfahrungen berichten könnte als ein Berufsberater, der nur die Theorie kennt.

Neben den Gefahren der Überaktivität als Flucht vor kritischer Rückschau sind vor allem Resignation und Depression zu nennen. Veränderung ist stets zugleich auch Verlust. Wir verlieren den Arbeitsplatz, die Kollegen und Freunde und den bisherigen Hauptlebensinhalt, die Arbeit. Das führt zunächst unweigerlich zur Depression, wenn dieser Verlust nicht im voraus begriffen wurde, um entsprechende Vorbereitungen zu treffen. Ein vernünftiger Versuch, die aktuelle Krise zu überwinden, obwohl keine endgültige Lösung, sind Reisen. Oft genug werden es Reisen in die Vergangenheit sein, die nicht minder schmerzlich bewußt machen können, wie sehr sich das Leben gewandelt hat.

Die Austauschfunktion der vorausgehenden Stabilitätsphase in den fünfziger Jahren setzt sich hier intensiver fort.

Es wird dabei auch sichtbar, daß völlig verschiedene Erinnerungen an gleiche Situationen nicht nur bei beiden Partnern, sondern auch bei den eigenen Kindern und früheren Freunden und Bekannten bestehen. Mehr und mehr richtet sich die Gedächtnisfunktion auf lange Zurückliegendes aus, und das tägliche Geschehen verliert an Bedeutung. Das ist zugleich eine Gefahr, wenn eine ausschließliche Rückwendung vollzogen wird, bevor neue Inhalte und Beziehungen zu anderen Menschen begründet wurden.

Ich erinnere mich an einen lauwarmen Frühsommertag in einem Großstadtpark. Ich saß auf einer Bank und lauschte dem Gespräch dreier älterer Männer, die Erinnerungen austauschten, sich offenbar aber nicht genau kannten. Schließlich fragte der Wortführer im Verlaufe eines strittigen Punktes: »Wie alt bist du denn eigentlich?« Die prompte Antwort: »Achtundsechzig Jahre« löste schallendes Gelächter aus, gefolgt von der überzeugenden Aussage des Wortführers: »Dann bist du ja ein kleiner Rotzbub und kannst gar nicht mitreden, denn ich bin fünfundsiebzig!« Diese in schwäbischem Dialekt geführte Argumentation erinnerte mich jäh an ein eigenes Erlebnis. Anläßlich des fünfundsiebzigsten Geburtstages eines meiner akademischen Lehrer, den ich lange nicht mehr gesehen hatte, fragte er mich, wie alt ich denn jetzt eigentlich sei. Mit etwas Beklemmung gestand ich, immerhin schon das zweiundfünfzigste Lebensjahr erreicht zu haben. Mit einem freudigen Lächeln ergriff er meinen Arm und sprach: »Aber dann sind Sie ja noch herrlich jung und haben alles noch vor sich!« Meine ernsthaften Zweifel, jenseits der magischen fünfzig Jahre nun bald zum alten Eisen zu gehören, wurden jäh zerstreut, als ich begriff, daß es für mich selbst immerhin fast fünfundzwanzig Jahre sein würden, bis ich das Alter meines früheren Lehrers erreicht hätte — eine lange Zeit, um vieles tun zu können, was ich aus falscher Perspektive schon verloren glaubte.

174

Die Begründung neuer Beziehungen ist deshalb so wichtig, weil falscher Rückzug und allzu große Passivität die Hauptgefahren jenseits der Altersgrenze sind. Im Gegensatz zur Resignation gilt es nun, aktiv realistische Pläne zumindest für einen Zeitraum von acht bis zehn Jahren zu entwickeln. Dazu gehört mit Sicherheit ein gesunder, neuer Diätplan, ein Programm für regelmäßige körperliche Übungen, ohne besonderen athletischen Leistungsehrgeiz, vor allem aber ein Fortbildungsprogramm für spezielle Interessen und Gebiete, die im Laufe des Lebens vernachlässigt wurden. Es ist völlig falsch, aufzugeben in der Vorstellung, nun sei man alt geworden und müsse zurückstehen. Vielmehr geht es darum, jenes vernachlässigte Wachstums- und Reifepotential zu entwickkeln, für das zuvor einfach zu wenig Zeit bestand. Sicher wird das auf individuell völlig verschiedenen Gebieten liegen, aber die täglichen Beispiele weisen darauf hin, daß die Lernfähigkeit sich eben nicht jenseits der Altersgrenze verringert, sondern konzentrierter und ausdauernder wird, weil weniger Ablenkungsfaktoren bestehen. Gewiß sind Menschen, die jenseits der fünfundsechzig Jahre wieder auf die Schulbank gehen, um ein neues Gebiet zu studieren, ein Examen abzulegen oder Artikel und Bücher zu schreiben, immer noch die Ausnahme. Aber allein der Seniorenwettbewerb des Süddeutschen Rundfunks vor einiger Zeit erwies, wie schöpferisch und realistisch Menschen aller Sozialschichten jenseits der Altersgrenze sein können. Es wurden mehr als 9000 Manuskripte für Fernsehspiele eingesandt, viele Tausend mehr als im gleichartigen Jugendwettbewerb, wobei die Inhalte der Wirklichkeit des Lebens viel näher waren als bei den meisten Jugendlichen.

Im Gegensatz zu den Möglichkeiten inneren Wachstums und neuen Lernens stehen jene kritischen Erlebnisse, die unser Leben durch wachsende Verluste erschüttern. Nicht nur das Ende der Befriedigung durch Arbeit und kollegiale Beziehungen wird als Verlust erlebt, sondern die realen Verluste verursachen auch Ängste. In unserer nächsten Umgebung sterben Freunde, Altersgenossen, Geschwister oder Nachbarn, die im gleichen Alter, jünger oder nur um wenige Jahre älter sind. Wenn wir die Dahingeschiedenen auf dem letzten Weg zum Grabe begleiten, steht unausgesprochen die bange Frage im Raum: »Wer wird der nächste sein?« Um so wichtiger wird es, das eigene Leben in der aktuellen Wirklichkeit zu verankern und Sinnerfüllungen zu finden, die das Leben lebenswert erscheinen lassen. Die neuere Forschung hat sehr deutlich erwiesen, daß Menschen, die schwerwiegende, gehäufte Verluste erleiden, dann selbst eher zu Krankheit und Verzagen neigen, wenn sie kein Gegengewicht in ihrem aktuellen Leben geschaffen haben, das ihnen ein positives Lebensgefühl und Ansporn zum Weiterleben gibt. Gerade deshalb ist die passive Resignation des Wartens auf das Ende so gefährlich, weil solche Verluste natürlich und voraussehbar sind, je weiter wir in höhere Altersgruppen aufrücken.

Natürlich müssen wir uns auch mit der Möglichkeit von Alterskrankheiten auseinandersetzen. Am schwerwiegendsten sind sicher der Verlust der Seh- oder Hörfähigkeit, halbseitige Lähmungen durch Gehirnschlag, Herzmuskelerkrankungen oder Gefäßverkalkungen. Wir können diesen Erscheinungen vorbeugen, obwohl das zum Teil auch davon abhängig ist, wie wir zuvor gelebt haben und mit unserer körperlichen Gesundheit umgegangen sind. Aber auch die zunehmenden Erkenntnisse der Altersmedizin können helfen, Krankheiten des Alterns zu lindern. Wirksam werden diese Mittel jedoch nur sein, wenn die innere Einstellung zum Leben positiv verändert wurde. Körperliche Behinderung schließt geistige Beweglichkeit keineswegs immer aus. Im Gegenteil, mitunter erscheint es, als sei die Behinderung eine sanfte Mahnung, nicht mehr vor sich selbst davonlaufen zu wollen, so daß man mit der eigenen Vergangenheit besser ins reine kommen kann. Es gibt viele Menschen, die einen Herzanfall überlebt haben, den erlittenen Schock jedoch als ein warnendes Zeichen dafür nahmen, daß es höchste Zeit ist, die vorherige Lebenseinstellung zu ändern. Es ist eine der wichtigen Paradoxien des Lebens, daß wir durch mancherlei Signale auf den Fluchtwegen zum Einhalten gebracht und mitunter zur Umkehr gegen den eigenen Willen gezwungen werden. Alter lehrt uns begreifen, wie sehr wir irren, solange wir glauben, Herr des eigenen Schicksals zu sein. Je mehr wir gegen die vermeintliche Zumutung protestieren, daß wir nicht selbstherrlicher Schöpfer, sondern Geschöpfe in der Hand eines Mächtigeren sind, desto eher sind wir in der Gefahr, mittels schmerzlicher körperlicher Symptome unsere tatsächliche Abhängigkeit eingestehen zu müssen.

Diese Lebensstufe wird deshalb auch zum Hauptinhalt der Auseinandersetzung mit lebenslang fortgesetzten Irrtümern oder Selbsttäuschungen. Dabei steht die von Kindheit an uns begleitende Versuchung zu übertriebener Selbstliebe, der Narzißmus, im Vordergrund. Eitelkeit, Neid, Ehrgeiz, Eifersucht, Zorn und andere Affekte nehmen andere Formen an, aber sie bestehen fort und verursachen Pein, solange wir nicht damit ins reine kommen. Achtzigjährige Schwestern, die unverändert in heftiger Eifersucht einander genauso bis aufs Messer bekämpfen, wie sie es von Kindheit an taten, haben wenig gelernt und werden es schwer haben, mit dem Lebensende fertig zu werden, solange sie das Schuldgefühl, daß sie einander heimlich den Tod wünschen, weder wirklich leben noch sterben läßt. Die Qual des Überlebens aus aufgeschobener und nicht gelöster Lebensschuld, die niemandem eingestanden werden kann, ist das schwierigste Altersproblem, das oft zu Verzweiflungstaten führt, wenn der innerlich fortbestehende Schuldkomplex zum einzigen Inhalt wurde, auf den sich das Lebensgefühl eingeengt hat. Menschenfeindlichkeit und Flucht in die selbstgewählte, verbitterte Einsamkeit beruhen leider oft gerade darauf, daß weder ausreichende Einsicht dafür entwickelt wurde, wie sehr Enttäuschungen und Versagungen durch eigene Fehleinstellungen zum Leben verursacht waren, noch der Mut besteht, sich dies selbst ehrlich einzugestehen und die falsche Einstellung zu korrigieren, um Frieden finden zu können. Auf der gleichen Linie liegen die tief verborgenen Ressentiments und geheimen Vorwürfe oder Anklagen, die Ehepaare im Alter gegeneinander aufrechterhalten, ohne durch Aussöhnung und Vergebung Frieden finden zu können.

Mit ehrlichem Schaudern erinnere ich mich eines Siebzigjährigen, der mir nach fünfundvierzigjähriger Ehe mitteilte, während seine Frau sterbenskrank war, daß er schon auf der Hochzeitsreise das Gefühl gehabt hätte, er habe die falsche Frau geheiratet. Kurz darauf verstarb seine Frau, und er verfiel in eine tiefe, anhaltende Depression, geplagt von der plötzlichen Einsicht, daß er alles von seiner Frau genommen, sich selbst jedoch niemals wirklich ganz gegeben hatte – aus falscher Eigenliebe.

Die Tragik dieser Lebensstufe läßt sich nicht verkennen, wenn mehr und mehr die Entwicklungsversäumnisse früherer Lebensstufen sichtbar werden, die Bewältigung jedoch aus Angst vor dem Verlust des idealisierten Selbstbildes weiterhin aufgeschoben wird. Frauen erleben die Notwendigkeit der Neuorientierung und Wandlung sehr viel früher, zunächst mit dem endgültigen Verlust der Kinder, die auf den eigenen Lebensweg gehen, schließlich dann noch einmal in der Ablösung der Enkelkinder, denen die Oma dann doch zu langweilig wird, weil sie stets die gleichen Geschichten erzählt, und schließlich wohl am erschütterndsten im Begreifen der größeren Hilflosigkeit und Verwundbarkeit des Ehepartners, der nicht selten wieder zum anlehnungsbedürftigen Kind wird, wo doch die Frau ein Leben lang Führung von ihm erwartete. Nicht alle Frauen haben ein dringendes Bedürfnis nach später Emanzipation oder völliger Selbständigkeit und Unabhängigkeit. Vielmehr beherrscht die Furcht vor dem Alleinsein bei einem früheren Tode des Partners viele Frauen so sehr, daß sie sich eher wünschen, vor dem Partner oder mit ihm gemeinsam sterben zu können. Stets wird diese Altersphase davon abhängig sein, wo und in welcher Umgebung wir leben. Oft genug wird die Klage erwachsener Kinder laut, daß die bei ihnen lebenden Eltern unerträglich seien und ständig miteinander streiten würden. Niemand verändert sich im Alter so radikal, daß nicht der Lebensstil und frühere Einstellungen im Alter verstärkt auftreten, wenn nicht besondere Anstrengungen in die entgegengesetzte Richtung unternommen werden. Was aber oft dabei verkannt wird, ist die Tatsache, daß brummig-aggressives Verhalten oder die Überbesorgtheit um Körperfunktionen meist nur ein Ausdruck der Fähigkeit sind, dadurch am Leben zu bleiben, daß eine aktive Beziehung zum täglichen Leben aufrechterhalten wird, so streitbar, ärgerlich oder lästig sie für die Umgebung auch aussehen mag. Wir dürfen auch nicht verkennen, daß in der Generation der erwachsenen Kinder oft Ungeduld, Überdruß oder materielle Interessen unausgesprochene Todeswünsche verursachen, die denen des frustrierten Kleinkindes ähnlich sind. Das wird von den überlebenden Kindern allerdings erst dann voll begriffen, wenn sie sich selbst im eigenen Leben sehr viel später an der gleichen Stelle befinden.

Die tatsächliche, volle Bewältigung dieser späten Lebenskrise mit den schwierigen Aufgaben der Vergangenheitsbewältigung und begrenzten Zukunftsplanung können wir dann als erreicht ansehen, wenn jene heitere Würde des Alters sichtbar wird, der jeder neue Lebenstag als ein kostbares Geschenk gilt. Die Lebensstufe jenseits der beruflichen Altersgrenze ist in Wirklichkeit ein sanfter, stetiger Übergang in das Greisenalter, das von so wenigen Menschen in vollem Lebensglück und weiser Gelassenheit erreicht wird. Das mag daran liegen, daß viele Menschen bis heute glauben, gesundes, heiteres Alter sei eine Schicksalsfügung, die nicht jedem zuteil werde. Solche Meinungen verkennen, daß Lebensweisheit und Altersreife im tiefsten Sinn des Wortes erworben werden müssen durch die Bereitschaft zur Arbeit an sich selbst, deren Forderungen mit zunehmendem Alter wachsen und nicht geringer werden. Das Geheimnis hohen Alters jenseits der Pensionierung liegt in der Bereitschaft, immer wieder von neuem psychologisches Interesse in die vielen rätselhaften und wundervollen Gegebenheiten und Ereignisse des Lebens zu investieren. Es ist die nie endende Neugier und die Fähigkeit zu immer neuem Staunen, die uns erwarten läßt, daß noch vieles unser harrt, was wir weder ganz begriffen noch voll erlebt haben. Die Fähigkeit, sich dem Leben voll zu überlassen im Vertrauen darauf, daß jedem seine Stunde bestimmt ist, die ihn zum Abschied bereit findet, nimmt uns die Angst, die das Leben unnötig verkürzen könnte.

Wir leben in einer Zeit, in der vielen Menschen die Tugenden hohen Alters außerordentlich fragwürdig erscheinen, weil wir verlernt haben, das Leben von innen her mit Zufriedenheit zu erfüllen. Wie sehr dennoch auch in dieser Zeitepoche hohes Alter und Altersweisheit herausragen können, zeigen uns viele lebende und historische Beispiele, und unsere Betrachtung der Stufen des Lebens wäre unvollständig ohne das Wissen um jene Lebensstrecke, die jenseits dieser späten Lebenskrise liegt.

RÜCKKEHR
ZUM URSPRUNG

Es gibt ein unausschöpfbares, schöpferisches Spiel des anfänglichen Lebens. Wer die Krise des großen Nein im letzten Lebensabschnitt überwindet, mündet ein in das große Ja. Wir gebrauchen den Begriff der Vollendung, um ein Leben zu kennzeichnen, das zu seinem Ursprung zurückgekehrt ist. Der Ursprung ist jene unversehrte Welt des Kindes, in der alles eins, miteinander verbunden und dem direkten Erleben zugänglich ist. Wir verlieren auf der langen Wegstrecke diese Ursprünglichkeit des Erlebens und müssen durch viele Lebensstufen hindurch Regeln erfinden, die uns bewahren oder Fehlwahrnehmungen korrigieren und überwinden helfen. Am Ende aber erkennen wir auch die Nichtigkeit und Vorläufigkeit all dieser Regeln und Kämpfe um das eigene Selbst, das wir ständig behüten möchten. Damit verstellten wir uns oft die unermeßliche Freiheit und Uneingeschränktheit des Handelns, die wir nicht voll begreifen, obwohl sie uns in Wirklichkeit offenstehen würde, wenn wir uns nicht selbst stets durch jenes ängstliche Selbstbildnis behinderten, das wir in gemeinsamer Bemühung geschaffen haben, um andere zu befriedigen, aus Angst, ungeliebt zu bleiben.

Ähnlich wie es jenseits der mittleren Lebenskrise zu einer langen Strecke ruhiger Stabilität und erfüllter Zufriedenheit ohne alle Selbsttäuschungen kommt, entwickelt sich nach Überwindung der zwischen Mitte der sechziger bis in den Beginn der siebziger Jahre liegenden späten Lebenskrise danach ein Lebensabschnitt, den wir vielleicht als Lebensstufe der Vollendung ansehen können. Diese hohe Altersstufe wird nicht oft und nicht von sehr vielen Menschen erreicht. Sie ist nicht vergleichbar mit dem sanften Dahindämmern durch immer mehr verlöschende Energie, aus der kein geistiges Leben mehr entspringt, während der Körper, wenn auch gebrechlich, noch lange überdauert. Vielmehr handelt es sich um einen Schritt der Bewußtseinserweiterung in einer deutlichen Aufwärtsrichtung, während hohes Alter zugleich ebenso erreichbar ist in einer Abwärtsbewegung und dem Versiegen geistiger Kräfte.

Die überwiegend biochemisch-materialistisch orientierte medizinische Forschung hat sich selbst im Studium der Altersentwicklung so weitgehend eingeengt, daß ihren Untersuchungsmethoden gerade jene Altersphänomene entgehen, die einen anderen Forschungsansatz fordern würden. So kommt es leicht zu der Fehlannahme, daß hohe Beweglichkeit und geistig-seelische Durchdringung des Lebens auf hohen Altersstufen, jenseits der Durchschnittslebenserwartung, als seltene Ausnahme bewertet werden müßten, während für die Allgemeinheit das trübe Bild zunehmender Altersgebrechlichkeit und geistig-seelischen Verfalles als gültig angesehen wird, was zu weiterer Entmutigung beiträgt. Die Ansatzpunkte der Schulmedizin hinken hier noch weit hinter der erkennbaren Wirklichkeit her, weil das medizinische Blickfeld künstlich eingeengt wird. Es gibt in der ganzen Welt mehr Menschen, die an Alter über hundert Jahre und mehr erreichen, als im allgemeinen früher angenommen wurde. Teilforschungen über die Lebens- und Erlebnisweise dieser über Hundertjährigen in mehreren Kulturen decken sich keineswegs mit allgemeinen, zeitgenössischen medizinischen Vorstellungen über gesundheitliche Altersvorsorge. Dagegen scheinen bestimmte psychologische Voraussetzungen der Lebenseinstellung, unabhängig von den jeweiligen Kulturgepflogenheiten, weitgehend übereinzustimmen. So etwa die Tatsache, daß die meisten Menschen, die ein sehr hohes Alter erreichen, beim Ableben eines Partners niemals für längere Zeit ohne einen neuen Partner oder eine vertraute Gemeinschaft blieben oder aber sich besonderen Aufgaben zuwandten. Es bedarf weiterer, genauerer Forschung, um das Geheimnis langen Lebens zu klären, dessen Ursache sicher nicht allein darin gründet, daß eines der Hauptnahrungsmittel etwa Joghurt, Kefir oder Ziegenmilch sei.

Die psychologische Seite erscheint wichtiger, insbesondere der aktive Schritt, der offenbar oft nicht nur Alterskrankheiten vermeiden hilft, sondern sie überwindet. Es scheint die innere Zielsetzung zu sein, die neben dem unverändert lebendigen Interesse an den täglichen Ereignissen der engeren und weiteren Umwelt die Lebensenergie konzentriert und damit langes Leben eben um dieser, persönlich sehr verschiedenen, Zielvorstellung willen ermöglicht.

Die Entwicklung solcher langlebigen Zielvorstellungen ist jedoch nicht möglich ohne vorausgehende Befreiung von den Bürden der Vergangenheit. Was noch in den fünfziger und sechziger Jahren als Selbstrechtfertigung in der Auseinandersetzung mit dem eigenen Leben belastend erlebt wird, weicht schließlich dem Bewußtsein, daß auch solche Selbstrechtfertigung, Erklärung oder Reue ein letztes Stück Eitelkeit und Selbstbesorgnis enthält, das angesichts der gewaltigen Größe allen Lebens lächerlich bedeutungslos wird. Kurz, die eitle Sorge um das eigene Ich, die letzte Versuchung für Verliebtheit in die Bedeutung des eigenen Selbst, beginnt sich aufzulösen, und das Leben selbst wird durchsichtiger im Erkennen der Gefangenheiten anderer in ihren eigenen Ketten, Kerkern und selbstbereiteten Höllen. Diese Fähigkeit, das selbstgeschaffene Elend anderer in der verwirrenden Verflochtenheit fremder Lebensläufe zu erkennen, bewirkt, daß Lebenserscheinungen und Mitmenschen nicht mehr ängstlich ausgeschlossen werden, um die Grenzen der eigenen Identität zu wahren. Vielmehr werden diese Grenzen fließend und durchlässiger für die mögliche, vorübergehende Identifizierung mit fremdem Leben, das deshalb nicht mehr als fremd erlebt wird, weil der Erlebniszusammenhang zuvor lebendig erfahren und verstanden wurde, aber auch als ein immer Anwesendes geachtet wird. Diese Möglichkeit jäher Erhellung von bestehenden Zusammenhängen in der mitmenschlichen Begegnung wird von überraschten jüngeren Menschen, die sich plötzlich besser erkannt sehen, als sie sich selbst zuvor kannten, oft als Altersweisheit angesehen. Es ist aber weder Weisheit noch Heiligkeit, sondern jene Unmittelbarkeit des Lebens selbst, das nun ungehindert durch intellektuelle Vorstellungen oder emotionale Barrieren gleichsam wie ein Strom frei fließen kann und direkten Ausdruck findet, weil der anscheinend Weise es nicht mehr durch die Aufdringlichkeit des eigenen Selbst aufhält oder behindert. Wissen und Sein stehen nicht mehr im Gegensatz zueinander, sie behindern einander nicht mehr gegenseitig, ja sie sind eins geworden, aber dennoch unterschieden von allem zuvor Bestehenden – gleichsam nicht mehr existent und doch vorhanden. Es ist der Widerspruch, der unerklärbar bleibt, nicht weil er im Leben begründet wäre, sondern weil wir ihn im Verständnis des Lebens über lange Zeit immer wieder herbeizuführen versuchen, um zwischen uns, dem Selbst und dem Leben als Unterschiedlichkeiten Gegensätze zu konstruieren, die in Wirklichkeit nicht bestehen. Dieser Versuch wird um so verständlicher, je mehr wir die Angst in Betracht ziehen, die unser Leben beherrscht, die Angst vor dem Tode, bis wir wirklich jene Schwelle erreicht haben, an der auch Tod und Leben sich nicht mehr voneinander unterscheiden, weil beide einer höheren Ordnung zugehören, die es wahrzunehmen und zu erleben gilt. Bleibt die weltliche Angst bestehen, die stets eine Angst um die Kostbarkeit des eigenen Ich ist – also ein Rest überhöhter Selbstliebe –, so bleibt auch der Zugang zu dieser höheren Ordnung versperrt, in der Tod und Leben ihren Gegensatz und damit auch ihren Schrecken verlieren, weil das Lebensziel nicht mehr die eigene Rettung ist, sondern das Bemühen, andere sehen, hören und fühlen zu lehren, mithin sie vor der Selbstblindheit und Taubheit zu retten, die ihr Leben verdunkelt. Deshalb ist der Begriff »Selbstvollendung«, den wir allzugerne anwenden, vom Standpunkt hohen Alters aus gesehen völlig falsch, weil es kein Selbst in diesem Sinne mehr gibt; an dessen Stelle ist das Leben gerückt, das im Anblick der Welt wahrgenommen werden kann – als Ausdruck des Seins selbst in vielfältigen Gestalten.

Hier scheint zugleich auf, welche jahrtausendealten Verbindungen es zwischen den ursprünglichen Weltreligionen gibt, die vom überdogmatisierten Christentum entstellt und im jahrhundertelangen Kampf überintellektualisiert wurden, vermutlich, um die Bedeutung des Ich und des individuellen Selbst zu retten und zu überhöhen, weil das Bewußtsein der Nichtigkeit zu unerträglich erscheint. Es ist schwer, diese Einsichten in die verhirnte Sprache des zwanzigsten Jahrhunderts zu übersetzen, weil wir vergessen haben, daß Sprache und Schrift ursprünglich symbolische Abkürzungsformeln für Leben und Welt sind, wie sie von uns im direkten Erleben erfahren werden. »Verhirnt« meint in diesem Zusammenhang nur, daß wir oft glauben zu wissen, während wir nicht sind und nicht sein können, was wir zu wissen glauben, solange dieses Wissen gerade dem direkten Erleben als das größte Hindernis im Wege steht, das unsere Sicht verdunkelt. Was wir ein Leben lang als Selbst betrachten, ist in Wirklichkeit das Abbild all jener Eindrücke, die wir von anderen empfingen, nach denen wir glauben uns richten zu müssen. Nur in sekundenhaftem Aufblitzen oder in Träumen sehen wir dann gelegentlich das wirkliche Leben, das uns fremd erscheint, weil es das unechte, von anderen empfangene Selbstbild nicht bestätigt und eher Angst erweckt. Mit dem Zerfall des falschen Selbstbildes in hohem Alter scheint nun jener ursprüngliche Kern wieder befreit zu werden, der in der Kindheit unser Leben bestimmte, bevor der eigene Ursprung durch entliehene oder aufgezwungene Selbstvorstellungen verdrängt wurde und dadurch unentwickelt blieb. Das würde nicht nur den fast unbegreiflichen Energiezuwachs hohen Alters verständlich machen, sondern auch die unbekümmerte Heiterkeit und Gelassenheit, die so oft scherzhaft und dennoch durchaus treffend als »jenseits von Gut und Böse« beschrieben wird. Allerdings trifft dieser Zustand gerade für diejenigen nicht zu, die ihn für sich in Anspruch nehmen wollen, während jene, die ihn wirklich erreicht haben, ihn nicht zu erwähnen brauchen, da er für jeden spürbar wird.

Nun haben die großen Alten gewiß in den Augen Jüngerer viele Fehler und Haken, aber es wäre vergebliche Liebes-
mühe, sich daran festhalten zu wollen. Was von Jüngeren oft
in neidischer Verkennung als Kritiklosigkeit oder Alters-
schwäche gebrandmarkt wird, ist in Wirklichkeit eben jene
Freiheit hohen Alters, die um die Angst der anderen vor
Fehlern weiß und sich nicht scheut, alles Seiende so sein zu
lassen, wie es ist, ohne es gewaltsam ändern zu wollen. Das
Leben ist so, wie es ist, weder gut noch schlecht, weder heilig
noch unheilig, weder Wissen noch Sein, sondern in der Un-
geschiedenheit zugleich unterschieden. Es kann nur *ge*lebt
und *er*lebt, aber nicht »gemacht« werden. Leben ist die Tat
des Nichtmachens – eine bewußte Absage an die ehrgeizi-
gen Träume des homo faber, des gemachten und machenden
Menschen vorausgehender Lebensstufen. Aus dieser Offenheit dem Leben gegenüber entsteht die unendliche Fülle der
Begegnungsmöglichkeiten, so das rauhe Wort an jene, die ihr
Leben vergeuden, im Geschwätz verbringen, verspielen, ver-
trinken oder verhuren, und das ermutigende Wort an die
Verzagten, Entmutigten und Geschlagenen, die sich selbst im
Wege stehen. Das eigene Leben hat nur dann Bestand, wenn
das Lebendige in jedem sichtbar wird, der Teilhaber der
Begegnung mit dem hohen Alter werden kann. Durch Leben
erlöstes Leben wäre die einzige Sprachformel, die sich anwenden ließe; aber sie macht das Geschehen um nichts
verständlicher, solange ihr Inhalt nicht wirklich erlebt werden
kann. Wir stoßen an die Grenzen einer Erkenntnis, die
sprachlich, begrifflich, abstrakt kaum vermittelt werden kann,
und rühren damit zugleich an ein Geheimnis dieser letzten
Lebensstufe, das sich nur dem voll enthüllen kann, der es
erlebt.

Unnötig, hier zu sagen, daß ich selbst diese Altersstufe
keineswegs erreicht oder erlebt habe, sondern mich durchaus
noch in den Zweifeln vorausgehender Lebensstufen gefangen
fühle, wenn auch bemüht, mich davon zu befreien. Woher

aber dann Erkenntnis und Einsicht? Zum einen verdanke ich die Möglichkeit des Einfühlens in den Entwicklungsweg der hohen Altersstufe dem langen und nachdenklichen Studium westlicher und östlicher Religionen. Zum anderen haben mich Beruf und persönliches Glück mit einer Reihe von sehr alten Menschen jenseits der neunzig und hundert Jahre in verschiedenen Kulturen zusammengeführt, mit denen ich nicht nur Gespräche führte, sondern auch unmittelbar an ihrer Art des Lebens und Erlebens so direkt teilhaben durfte, daß etwas für mich sichtbar und fühlbar wurde, das sich in Worten kaum beschreiben läßt. So ist die Sicht der zwei verschiedenen Lebensstufen hohen Alters – die aufsteigende, erhellende, und die absteigend-verdämmernde – ein Geschenk jener Menschen, an deren Leben ich vorübergehend teilnahm. In jenen Begegnungen wurde mir jedoch eines klar: Es gab niemanden, der nicht seit vielen Jahren innerlich die Bereitschaft gehabt hätte, das Leben in jeder Stunde aufzugeben, die ihm als die seine erkennbar geworden wäre. Wiederum begegnen wir einer Widersprüchlichkeit, einem Paradox: Die ängstlich am Leben hängen und es bewahren wollen, verlieren es leicht über ihrer Angst um die eigene Kostbarkeit. Die den Tod als zum Leben gehörig nicht scheuen, erleben dankbar Tag um Tag und Stunde um Stunde als ein kostbares Geschenk, dessen sie sich in immer neuer Bemühung würdig erweisen möchten.

Inhalt und Bewußtsein der Demut sind unserer hektisch-egozentrisch verarmten Welt weitgehend fremd geworden, ebenso wie Würde und Achtung. Die Kraft des Lebens, die von der Demut des alten Menschen dem Schöpfer gegenüber ausgeht – der Achtung vor den Wundern des Lebens – und von der inneren Würde tatsächlich gelebten Lebens, wird dem Teufelsspuk und der Narretei aufgeblasener Größenideen fortdauernder Unreife eher abhelfen als die unweise Ausübung von Macht durch Gewalt. Das mag noch Jahrzehnte oder ein halbes Jahrhundert dauern, die Zeichen sind aber unverkennbar. Die Gewaltlosigkeit hohen Alters ist nicht etwa Schwäche, sondern Überzeugung. Vor der Seinsdichte hohen Alters verzagt die Aufgeblasenheit jugendlicher Allmachtsphantasien, weil Leben gegen künstlich-abstrakte Ideen steht.

George Bernard Shaw hat vor Jahren in seinem »Psychologischen Pentateuch: Zurück zu Methusalem« in satirischer Weise diesen Zusammenhang gezeigt. Die bewaffneten Angehörigen des kurzlebigen Geschlechtes, die auf der Insel der Langlebigen mit Waffengewalt Auskünfte von den Dreihundert- und Vierhundertjährigen erpressen wollen, verfallen in Todesängste, Zittern und Zagen, wenn einer aus dem Geschlecht der Langlebigen nur für einen Moment seinen Schutzmantel öffnet, der die Kurzlebigen vor der Intensität der ausgestrahlten Seinsdichte bewahren soll – eine geistreiche Boshaftigkeit Shaws, die sich gewiß auf zeitgenössische Politiker und deren Kurzsichtigkeit wie Schwäche bezog. Dennoch liegt Shaws bissige psychologische Allegorie dicht an einer Wahrheit, die wir noch nicht voll erfassen können, weil wir die letzte Lebensstufe aus bleibender Angst und Verzagtheit weitgehend als Möglichkeit verleugnen.

Das Leben erscheint uns nach harter Arbeit am Abend zu mühsam, um in einen neuen Morgen aufzubrechen, der weit härtere Arbeit von uns fordern würde, die wir im Gegensatz zu früher nun an uns selbst nach innen verrichten müßten, um uns aus den Selbstfesselungen und Labyrinthen der eigenen Verwirrtheit zu befreien. Wir haben uns zu sehr an Arbeit nach außen gewöhnt, um diese Wendung vollziehen zu können. In diesem Zusammenhang weisen die Verwirrtheitszustände des Alters auf einen anderen als nur medizinisch-physiologisch diagnostizierbaren Sachverhalt. Das Leben endet im Labyrinth, in der Lebensverwirrtheit, die nicht mehr durchbrochen oder aufgelöst werden kann, weil es lange zuvor an den dazu notwendigen Vorbereitungen mangelte.

Der Durchbruch ist aber möglich, wenn die Befreiungsarbeit *gegen* das innere Gefängnis und Labyrinth erfolgt.

Mir erschien die Auskunft der Neuro-Anatomen und Hirnforscher stets hoffnungsvoll, daß unsere zeitgenössische Menschheit erst etwa ein Fünftel der Gehirnzellen in ständigem Gebrauch hat, weil sich daraus schließen ließe, daß zukünftige Entwicklungen den Gebrauch ungenutzter Hirnzellen verheißen, das Leben also keineswegs mit dem Ruhestand, dem Lebensrückblick und dem passiven Abwarten des unvermeidlichen Endes abzuschließen braucht, wenn wir uns jener mühsamen Entwicklungsarbeit nicht entziehen, die uns auf der vorläufig letzten Lebensstufe auferlegt ist.

Arthur Koestler hat darauf hingewiesen, daß die paranoide Strähne im Stammhirn des Steinzeitmenschen in uns unverändert fortwirkt, solange wir unser Hauptaugenmerk darauf richten, wirksamere Methoden zu entwickeln, mit deren Hilfe sich möglichst viele Menschen gleichzeitig umbringen lassen. Kein Zweifel, daß es sich dabei um eine Fehlentwicklung und um das Verharren auf einer kindlich-sadistischen Lebensstufe handelt, für deren fortgesetzte Wirksamkeit die Einzelmörder nur geringerer Ausdruck sind. Es fehlt jedoch die Einsicht, diese verfehlte Lebensstufe als kollektive Abwehr gegen Angst zu begreifen: Angst vor den viel größeren, schwierigeren Forderungen des Lebens, das Erhaltung und nicht Tötung fordert. Was immer auch die Rationalisierungsprozesse für die vermeintliche Notwendigkeit gegenseitiger Tötung und Ausrottung in den verschiedenen Gegenden der Welt sein mögen, sie kennzeichnen eine Vermeidung, ein Ausweichen und ein Verharren auf primitiveren Stufen des Lebens aus Angst, zu kurz zu kommen – eine durchaus säkular eingeengte und einengende Sicht Jahrmillionen alter Existenz des Lebens, die es in anderen Zusammenhängen in früheren Jahrhunderten nicht weniger gab. Unabhängig davon existiert dieses Leben dennoch seit Jahrmillionen unbekümmert um die Einzelexistenz fort. Läßt sich daraus schließen, daß die Menschheit dieses Planeten trotz riesiger technischer Fortschritte, die allenfalls dem Bastel-alter vergleichbar wären, noch keine besonders hohe Reife-stufe des Lebens erreicht hat? Angesichts durchaus vorhan-dener reiferer Möglichkeiten wäre dies denkbar – aber wem stünde das Urteil zu? Kehren wir lieber zu den Lebensstufen des einzelnen zurück, der sich angesichts einer an Verrückt-heit kaum zu übertreffenden Umwelt trotz all dieser Behinde-rungen ehrlich um den eigenen Lebensablauf bemüht.

Wenn hohes Alter wirklich die Krönung des Lebens ist, so wird diese Krone verdient sein müssen. Sie fällt nicht zu. Um so bedeutsamer für den späteren Lebensweg ist deshalb die Begegnung zwischen Kind und Greis. Inmitten der Kon-sum- und Werbegewohnheiten moderner Städte fragen wir uns kaum noch, warum Sankt Nikolaus, der Weihnachtsmann oder Santa Claus in der tausendfachen Ausgabe des New Yorker Straßenbildes ausgerechnet einen langen weißen Bart und weiße Haare hat. Abgesehen davon, daß diese Symbol-gestalt durch viele andere Faktoren mitbestimmt wurde, re-präsentiert sie eine geheimnisvolle Greisengestalt, die mit dem unsichtbaren Christkind verbunden ist. Kind und Greis in der Verbindung mit dem Fest der Liebe, der Erwartung von Geschenk oder Strafe? Sollte die ebenso bärtige Gestalt des lieben Gottes früherer Devotionalienbilder der Geschäfts-propaganda Pate gestanden haben? Die Marktwirkungen interessieren uns weniger als die Erlebnissphäre des Kindes, in der sich undefinierbares Alter und Zeitlosigkeit mit einer gebenden väterlichen Gestalt verbinden. Psychologisch kehrt der Greis tatsächlich zu jenem Ursprung zurück, an dem ihn das Kind in vielen Kulturen als auf der gleichen Stufe erlebt. Gut und Böse sind eins geworden in dieser Gestalt. Vom Kind werden Lob und Belohnung gleichzeitig mit Furcht vor Strafe und Schuldangst erlebt. Der greise Weihnachtsmann wird zwar als gelegentlich drohend, dennoch aber als verzeihend und gütig erfahren. Entspricht dies nicht der Erwartung, die wir höherem Alter gegenüber haben: Verstehen – Güte – Vergebung?

Vielleicht begreifen wir, warum alte Menschen sich furchtlos nach Heimkehr sehnen. Es ist nicht die konkretistische Vorstellung der Heimkehr zum Geburtsort oder zum Heimatland, sondern eine Heimkehr zum Ursprung. Die Bilder der Tiefe, die Gestalten von Vater und Mutter der Kindheitstage, Geschwister, Schulfreunde und -freundinnen, Lehrer, Studienfreunde und Berufskollegen der Anfänge rücken näher, so daß die Gestalten des Alltags mit diesen Bildern des Ursprungs sich vermischen, wobei manche überraschende Ähnlichkeit entdeckt wird. Die auf diese Weise verglichenen Jüngeren sind meist ahnungslos über den Grund der Nähe und des Vertrauens, das sie gelegentlich auch betrügen oder auszunützen versuchen. Greis und Greisin erkennen dies aber meist eher als der einbezogene Dritte selbst, noch bevor dieser seine Absicht verwirklichen kann. Im allgemeinen aber trägt gerade die Neigung, die Bilder der Tiefe mit den Gestalten der Gegenwart zu vermischen, mit dazu bei, neue, überraschend lebendige Verbindungen herzustellen und den nur scheinbar riesigen Abstand zwischen Alter und Jugend zu überbrücken. Im hohen Alter bewahrheitet sich einmal mehr, was wir aus den Erfahrungen der Psychoanalyse wissen: Im Unbewußten gibt es weder Zeit noch Raum, und die gegensätzlichsten Inhalte liegen stets dicht beieinander, ohne einander zu widersprechen. Was nach außen mitunter als Konfusion oder Zusammenhanglosigkeit erscheint, hat im Inneren sehr wohl Zusammenhänge, wenn sich die zuvor ängstlich bewahrten Grenzen zwischen Bewußtsein und Unbewußtem lockern, ähnlich etwa der Zwischenzone von Traum und Erwachen. Jüngere Zeitgenossen sind meist leider zu sehr mit sich selbst beschäftigt, um genauer hinhören und diese inneren Zusammenhänge erkennen oder erraten zu können. »Oma spinnt mal wieder« kennzeichnet neben der

Lieblosigkeit auch die Ahnungslosigkeit, mit der die Moderne hohem Alter begegnet.

In diesem Zusammenhang ein Wort über die sogenannten Altenheime, die bei vielen alten Menschen Gänsehaut verursachen – in bezug auf manche Praktiken gewiß zu Recht. Das größere Problem besteht jedoch im teilweisen Verlust der Selbständigkeit und Freiheit, die im Alter notwendiger ist denn je zuvor. Wer als Kind Wochen oder Monate glücklich in einem Kinderheim mit freundlichen Erinnerungen verbracht hat, wird es leichter haben, sich der Altersgeselligkeit sehr verschiedener Menschen in einem Heim anzupassen, während entschiedene Individualisten gewöhnlich unter der Gemeinschaftsatmosphäre mehr leiden als in der Einsamkeit einer eigenen, noch so kleinen Wohnung. Auch hier scheint der wesentliche Einfluß in der erhöhten Bereitschaft zu liegen, sich selbst versorgen zu wollen und zu können, wenn auch mit gelegentlicher Hilfe, ohne daß die eigene Freiheit und Selbständigkeit zugunsten einer regulierten Atmosphäre aufgegeben werden müßte. Das hängt freilich auch vom Bildungsstand, vom sozialen Niveau und den persönlichen Interessen ab. Wer gelernt hat, nicht nur auf vernünftige Weise mit sich selbst umzugehen, sondern auch seinen Lebensabend durch aktive Tätigkeit, lebendige Interessen, Freunde, Nachbarn und regen Briefverkehr so zu gestalten, daß er mit dem Leben anderer und dem Alltag verbunden bleibt, wird an Alterseinsicht gewinnen und unter weniger Ängsten leiden. Wer sein Leben hauptsächlich mit Biertrinken, Kegeln und Skatspielen verbracht hat, wird Schwierigkeiten haben, sich neue Bereiche zu erobern; es sei denn, er erinnert sich früherer, versunkener Interessen, die zugunsten anderer aufgegeben wurden.

Aber das Leben ist so, wie es ist, wenn wir nicht Anstrengungen machen, es im eigenen Interesse zu ändern. So hat es wenig Sinn, darauf zu warten, daß andere sich unser erinnern, und dann gekränkt zu sein, wenn wir vergessen wurden, solange wir uns nicht selbst aktiv um die anderen bemühen.

Ich erinnere mich aus meiner Kinderzeit des Ausspruchs in der Familie eines Freundes: »Tante Emma sitzt wieder in ihrem Zimmer und nimmt übel!« Die unverheiratete Schwester des Vaters meines Freundes lebte auf dem Altenteil in seiner Familie und erwartete stets, daß alle anderen zu ihr kommen würden, bevor sie sich je ihrerseits um andere bemühte.

Die Altersgekränktheit ist oft ein Überbleibsel früherer Kinderempfindlichkeit, genauso wie Neid, Eifersucht und Prahlerei, die besonders in Altenheimen dann Schwierigkeiten bereiten können, wenn kampferprobte Witwen und Witwer aufeinandertreffen und aufeinander übertragen, was sie in den eigenen früheren Ehen nicht voll bewältigen konnten. All diese Erscheinungen, die jedem wohlbekannt sind, der längere Zeit in Altenheimen gearbeitet hat, sind jedoch nur Versuche, durch milderen und gewohnten täglichen Streß am Leben zu bleiben, sosehr solche Versuche verfehlt sein mögen, um die größere Reife hoher Altersstufen erreichen zu können, auf denen solche letzten Eitelkeiten schließlich doch abfallen, weil die Einsicht überwiegt, daß das Leben zu kostbar ist, um es mit kindlichen Rückfällen zu vertrödeln. Ernst und Unernst, Bejahung und Verneinung des Lebens spiegeln sich in der Massierung größerer Altenheime oft auf tragische Weise. Dennoch gibt es eine stille Übereinstimmung, die bewirkt, daß jedesmal, wenn wieder ein Heimgenosse in die Ewigkeit eingeht, das ohne besondere Ermahnung größere Selbstbesinnung, aber auch größere Angst hervorruft. Trotz vieler seriöser Bemühungen scheinen wir noch keine ausreichend überzeugenden Wege gefunden zu haben, alte Menschen in unser tägliches Leben bereitwillig einzubeziehen, anstatt sie in Gettos zu isolieren. Das kennzeichnet zugleich die gängigen Wertvorstellungen der Konsumgesellschaften von zu vermarktender Brauchbarkeit oder Unbrauchbarkeit wobei schließlich der alternde Mensch konsequenterweise zum Wegwerf-Menschen wird.

Die Entwicklungsschritte der letzten Lebensstufe lassen sich deshalb auch nur von wenigen vollziehen, die entweder ausreichende materielle Sicherheit besitzen oder im Lebensablauf sich daran gewöhnt haben, die eigene Entwicklung notfalls *gegen* die Trends der Allgemeinheit durchzusetzen und das Alleinsein in Freiheit und Selbständigkeit nicht zu fürchten. Lösbar werden die Probleme hohen Alters jedoch erst dann wirklich, wenn wir zu Gesellschaftsformen zurückgefunden haben, in denen Menschen, Sozial- und Altersgruppen nicht künstlich voneinander getrennt und isoliert werden. Es gibt genug ermutigende Erneuerungsansätze, die in diese Richtung gehen, so daß es sich für künftige Generationen durchaus lohnt, rechtzeitig auf einen zufriedenen Lebensabend hinzuarbeiten. Am glücklichsten und kostbarsten sind freilich jene Lebensläufe, in denen beide Partner gemeinsam ein hohes Lebensalter erreichen und ohne Furcht zurückblicken können. Im Gedränge und der Hetze der Verstädterung haben wir verlernt, den Frieden abgeklärten Alters wahrzunehmen. Dennoch: Wer an lauen Sommerabenden gemächlich über Land fährt, sollte im nächsten Dorf anhalten, in welchem Lande er immer sich befindet. Er wird jene zufrieden schweigend in die Ferne des Abends schauenden Alten finden, die um die Weite des Lebens und die Gefaßtheit des Todes wissen, ohne viel Worte darüber zu verlieren. Vielleicht wäre es für manchen Jüngeren heilsam, eine Weile stumm daneben zu sitzen und zu begreifen, daß sein eigenes Leben eines Tages an dem gleichen Punkt ankommt, an dem er sich dann dieses Augenblickes vielleicht dankbar erinnern wird.

Das Buch, das Sie soeben gelesen haben, ist der erste Band einer neuen Reihe, die im Kreuz Verlag erscheint:

Stufen des Lebens
Eine Bibliothek zu den Fragen unseres Daseins
Herausgegeben von Hans Jürgen Schultz

Psychoanalytischer Fachjargon ist in aller Munde, aber ein wirkliches Verstehen dessen, was die Psychoanalyse über seelische Beziehungen und Konflikte herausgefunden hat, blieb bis heute fast ganz auf den Kreis der Fachleute beschränkt. Die Buchreihe »Stufen des Lebens« wendet sich deshalb bewußt auch an den Laien. Ihm wird durch Einsicht in die Grundmuster seelischen Verhaltens praktische Hilfe zur Daseinsbewältigung gegeben.
Pro Jahr erscheinen zwei bis drei Bände, Umfang und Preis werden voraussichtlich dem des ersten Bandes entsprechen. Für Leser, die die Gesamtreihe zur Fortsetzung bestellen, gilt ein um ca. 10% ermäßigter Vorzugspreis.
Geplant sind u. a. folgende Bände:

Hildegund Fischle-Carl: Fühlen wofür man lebt
Peter Kutter: Die menschlichen Leidenschaften
Theodor Seifert: Ich – Du – Wir
Hans Dieckmann: Umgang mit Träumen
Lutz Rosenkötter: Ist der Mensch ein Triebwesen?
Helmut Barz: Begegnungen mit der eigenen Seele
Edgar Heim: Krankheit – Krise und Chance

Die hier angegebenen Buchtitel sind noch nicht endgültig.

Bitte fordern Sie beim Verlag einen Sonderprospekt über diese Reihe an.

Die Bücher von Tobias Brocher im Kreuz Verlag

Tobias Brocher
Von der Schwierigkeit zu lieben
Maßstäbe des Menschlichen, Band 8, 3. Auflage (11.–13. Tsd.),
177 Seiten, Kunststoff flexibel

»Brochers Schrift verrät eine tiefe Menschenkenntnis, und obwohl sie von scharfem analytischem Verstand diktiert wurde,
hat sie einen kräftigen therapeutischen Grundzug. Der Leser
wird in ein Zwiegespräch hereingezogen, aus dem er verändert, mit etwas mehr Klarheit und Lebensmut hervorgeht.«
Südfunk

Tobias Brocher
Sind wir ver-rückt?
Lebensprobleme des modernen Menschen
Maßstäbe des Menschlichen, Band 1, 3. Auflage (11.–13. Tsd.),
292 Seiten, Kunststoff flexibel

»Empfehlen möchte ich dieses Buch allen, die sich mit der
Problematik unserer Zeit auseinandersetzen. Ich meine, daß
jeder Gewinn davon hat, ob er es für sich allein liest und aus-
wertet oder mit anderen darüber diskutiert.«
Die Diakonieschwester

Tobias Brocher
Aufstand gegen die Tradition
Über den Konflikt zwischen den Generationen,
2. Auflage (6.–9. Tsd.), 142 Seiten, kt.

Lexikon der Sexualerziehung
für Eltern, Lehrer, Schüler
Hrsg. von Tobias Brocher und Ludwig von Friedeburg
XII Seiten, 772 Spalten, Ln.